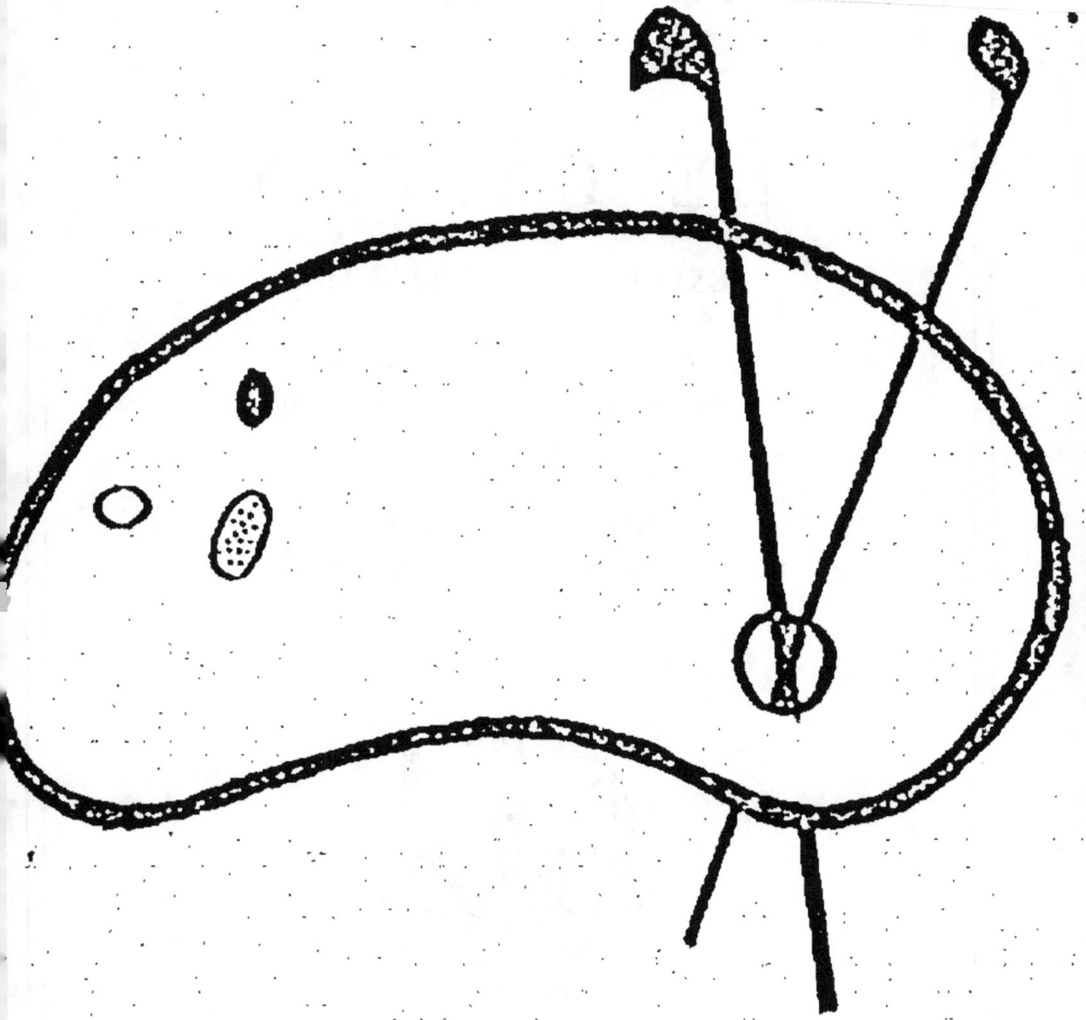

COUVERTURE SUPERIEURE ET INFERIEURE
EN COULEUR

PLATON.

LE CRITON

EXPLIQUÉ EN FRANÇAIS

PAR UNE DOUBLE TRADUCTION
L'UNE MOT A MOT DITE INTRALITTÉRALE
L'AUTRE CORRECTE

Par P. ALLAIN

PROFESSEUR DU COLLÉGE STANISLAS.

PARIS

IMPRIMERIE ET LIBRAIRIE CLASSIQUES

Maison Jules DELALAIN et Fils

DELALAIN FRÈRES, Successeurs

56, RUE DES ÉCOLES.

NOUVELLE COLLECTION DES CLASSIQUES GRECS.

Avec notes et Sommaires en français.

Format in-12.

Aristophane. Extraits, par J. Helleu; in-12. — 2 f.
Aristote. La Poétique, par M. A. Noël; in-12. — 80 c.
Démosthène. Discours sur la Couronne, par M. A. Marion; in-12. — 1 f. 25 c.
Démosthène. Les Philippiques, par M. P. Chéron; in-12. — 80 c.
Denys d'Halicarnasse. Première Lettre à Ammaeus sur Démosthène et Aristote, par M. Bernage; in-12. — 60 c.
Élien. Morceaux choisis, par M. A. Mottet; in-12. — 1 f. 10 c.
Ésope. Fables, par M. J. Geoffroy; in-12. — 1 f.
Euripide. Iphigénie à Aulis, par M. E. Pessonneaux; in-12. — 1 f.
Hérodote. Morceaux choisis, par M. E. Pessonneaux; in-12. — 1 f. 60 c.
Homère. Iliade, par M. F. Lécluse; in-12. — 3 . 50 c.
Isocrate. Panégyrique d'Athènes, par M. E. Talbot; in-12. — 80 c.
Lucien. Dialogues des Morts, par M. J. Geoffroy; in-12. — 1 f.
Lucien. Le Songe ou le Coq, par M. Vendel-Heyl; in-12. — 40 c.
Platon. Criton, par M. A. Mottet; in-12. — 50 c.
Platon. Phédon, par M. A. Marion; in-12. — 80 c.
Plutarque. De l'éducation des enfants, par M. J. Genouille; in-12. — 75 c.
Plutarque. Vie de Cicéron, par M. Cuvillier; in-12. — 1 f.
Plutarque. Vie de Démosthène, par M. Bernage; in-12. — 1 f.
Saint Basile. Discours sur la lecture des auteurs profanes, par M. J. Genouille; in-12. — 50 c.
Saint Jean Chrysostome. Homélie sur la disgrâce d'Eutrope, par M. J. Genouille; in-12. — 30 c.
Saint Luc. Actes des Apôtres, par M. G. Belèze; in-12. — 70 c.
Saint Luc. Évangiles, par M. G. Belèze; in-12. — 70 c.
Sophocle. Œdipe roi, par M. E. Pessonneaux; in-12. — 1 f.
Sophocle. Philoctète, par M. E. Pessonneaux; in-12. — 1 f.
Thucydide, Guerre du Péloponèse, premier livre, par M. H. David; in-12. — 1 f. 60 c.
Xénophon. Anabase, livre premier, par M. A. Mottet; in-12. — 75 c.
Xénophon. Cyropédie, livre premier, par A. Marion; in-12. — 75 c.
Xénophon. Les Économiques, chap. I à XI, par M. Pessonneaux; in-12. — 90 c.

PLATON.

LE CRITON.

Homère. Iliade, dixième chant, édition classique, avec notes et remarques par *M. F. Lécluse*; in-12, br. 25 c.

Le même, *traduction mot à mot*, par *G. Carlet*; in-12, br. 90 c.

Euripide. Iphigénie à Aulis, texte grec, avec analyse et notes en français, par *M. E. Pessonneaux*, professeur au lycée Henri IV; 1 vol. in-12, cart. 1 f.

La même, *grec-français*, par *M. Pottier*; in-12, br. 1 f. 75

La même, *traduction mot à mot*, par *M. Pottier*; in-12, br. 2 f. 50 c.

Platon. Criton, ou des devoirs du citoyen, *texte grec*, avec sommaire et notes en français, par *M. A. Mottet*, de l'École normale supérieure; 1 vol. in-12, br. 50 c.

Le même, *grec-français*, traduction de *Dacier*, revue et corrigée; 1 vol. in-12, br. 90 c.

Le même, *traduction mot à mot*, par *M. P. Allain*, professeur du collége Stanislas; 1 vol. in-12, br. 1 f. 25 c.

Xénophon. Les Économiques, chap. I à XI, *texte grec*, avec analyse, notes en français et remarques, par *MM. Pessonneaux*, professeurs au lycée Henri IV; 1 vol. in-12, cart. 90 c.

Les mêmes, *traduction française seule*, par *MM. Pessonneaux*; 1 vol. in-12, br. 80 c.

Denys d'Halicarnasse: *Première lettre à Ammaeus sur Démosthène et Aristote*, texte grec, avec analyse, notes et remarques en français, par *M. Bernage*, professeur au lycée Fontanes; 1 vol. in-12, cart. 60 c.

La même, *traduction française seule*, par *M. Bernage*; 1 vol. in-12, br. 60 c.

Démosthène. La première Philippique, texte grec avec sommaire, analyse et notes, par *M. A. Vendel-Heyl*, professeur du lycée Saint-Louis; in-12, br. 25 c.

La même, *traduction mot à mot* par *M. A. Lebobe*; 1 vol. in-12, br. 60 c.

Plutarque. Vie de Démosthène, suivie du parallèle entre Cicéron et Démosthène, *texte grec*, avec sommaire, notes et remarques en français, par *M. Bernage*, professeur au lycée Fontanes; 1 vol. in-12, br. 1 f.

La même, *traduction française de Ricard*; 1 vol. in-12, br. 90 c.

La même, *traduction mot à mot*, par *M. G. Carlet*; 1 vol. in-12, br. 2 f. 50 c.

Aristote. Poétique, édition classique, avec notes et remarques par *M. A. Noël*; in-12, cart. 80 c.

La même, *traduction française, sans le texte*, par *Ch. Batteux*; nouv. édition, revue, etc.; in-12, br. 80 c.

PLATON.

LE CRITON

EXPLIQUÉ EN FRANÇAIS

PAR UNE DOUBLE TRADUCTION

L'UNE MOT A MOT DITE INTRALITTÉRALE

L'AUTRE CORRECTE

Par P. ALLAIN

PROFESSEUR DU COLLÈGE STANISLAS.

PARIS

IMPRIMERIE ET LIBRAIRIE CLASSIQUES

Maison Jules DELALAIN et Fils

DELALAIN FRÈRES, Successeurs

56, RUE DES ÉCOLES.

Toute contrefaçon sera poursuivie conformément aux lois; tous les exemplaires sont revêtus de notre griffe.

Delalain frères

PLATON.
LE CRITON.

ANALYSE.

Le *Criton*, qui a pour second titre : Περὶ Πρακτοῦ, ou *sur le Devoir du citoyen*, est un dialogue que Platon suppose avoir eu lieu entre Socrate et Criton, l'un des disciples de ce philosophe, dans la prison où il était détenu. En voici le sujet et l'analyse :

Socrate, faussement accusé d'impiété et d'immoralité, avait été condamné, par le tribunal inique des Cinq-Cents, à boire la ciguë. Cette sentence avait été portée, l'an 400 avant J. C., le lendemain du départ de la *Théorie*, ou vaisseau sacré qui, tous les ans, allait porter à Délos les offrandes des Athéniens. La durée du voyage, depuis le départ jusqu'au retour, était ordinairement de trente jours. Or, une loi défendait de faire mourir dans cet intervalle aucun condamné; en sorte que Socrate ne devait boire la ciguë qu'au bout de vingt-neuf jours. Le sage attendait avec fermeté, dans sa prison, le jour fatal; mais ses amis, qui voulaient le sauver, avaient gagné le geôlier, et tout était préparé pour son évasion. Un matin donc, avant le jour, Criton va dans sa prison lui donner avis de ces dispositions. Socrate l'écoute et le remercie de son zèle : toutefois, avant de se rendre à ses instances, il veut examiner avec lui s'il peut, quoique injustement condamné, se soustraire, sans le consentement des Athéniens, à la peine qu'ils ont prononcée contre lui; et il lui prouve qu'il n'est pas permis au citoyen de se dérober à l'autorité qui a pouvoir sur lui, ni de rompre le pacte tacite ou *contrat social* par lequel chaque citoyen s'est soumis d'avance aux lois de son pays. En vain Criton fait-il observer à son maître que ce scrupule passera pour insouciance et insensibilité; en vain, pour étouffer en lui la voix de la justice, lui fait-il entendre le cri de la nature, lui représentant ses fils délaissés et menacés de toutes les calamités qui peuvent atteindre des enfants orphelins. Socrate, demeurant inflexible, lui répond tranquillement que l'opinion des hommes vertueux est la seule dont il faille tenir compte; qu'on ne doit pas souhaiter de vivre, mais de bien vivre; que la justice est la vie de l'âme; et quand il voit Criton ébranlé par la force de ses raisonnements il lui porte le dernier coup par cette touchante prosopopée où Socrate introduit les lois et leur fait tenir à lui-même un langage aussi noble que pathétique. Réduit au silence, Criton n'ose plus essayer d'enlever à son maître et ami la gloire de mourir fidèle à son respect constant pour les lois du pays et pour le devoir du citoyen.

Le style du Criton est pur et facile, animé et pathétique, comme il convenait à la situation des interlocuteurs. Le dialogue y est serré, et il présente quelque chose de dramatique, surtout dans la prosopopée des lois. Il est écrit en dialecte attique ordinaire.

Nous croyons utile de donner ici quelques détails biographiques sur Platon :

Platon, né l'an 430 dans l'île d'Égine, près d'Athènes, après avoir cultivé dans sa première jeunesse les sciences, les lettres et la poésie, devint en 410 disciple de Socrate. A la mort de son maître (400), il visita tour à tour, pour se perfectionner dans l'étude de la philosophie et des lois, l'école pythagoricienne de la Grande-Grèce en Italie, l'école de Cyrène en Afrique, l'Égypte, où il se fit initier, dit-on, aux mystères de la doctrine sacerdotale, et la Sicile, où Denys le Tyran, irrité de sa franchise, le fit vendre comme esclave. Rendu à la liberté par Annicéris, philosophe de Cyrène, il vint se fixer à Athènes, où il fonda, vers 388, dans les jardins d'Académus, l'école philosophique si connue sous le nom d'*Académie*, et qui compta pour auditeurs Aristote, Speusippe, Xénocrate, Isocrate, et tout ce que la Grèce renfermait de distingué. Platon s'acquit, par son enseignement et ses écrits, une telle réputation, que plusieurs États lui demandèrent des lois; mais il ne voulut jamais entrer dans la pratique des affaires, et il mourut en 348, à l'âge de 82 ans. Outre le *Criton*, on doit à Platon un grand nombre d'ouvrages, qui sont presque tous sous la forme de dialogue, et où Socrate joue le principal rôle, entre autres l'*Apologie de Socrate*, dont le *Criton* n'est que le complément; l'*Eutyphron ou de la Sainteté*, le *Phédon ou l'Immortalité de l'âme*, le premier *Alcibiade ou de la Nature de l'homme*, le *Théagès ou de la Sagesse*, la *République ou du Juste et de l'Injuste*, en dix livres, les *Lois*, en douze livres, le *Timée ou de la Nature*, etc....., tous écrits qui, outre qu'ils sont des chefs-d'œuvre d'art, nous offrent, par la méthode d'interrogation et de réfutation qui y est partout suivie, un modèle d'analyse philosophique.

APPRÉCIATION LITTÉRAIRE.

Le mérite philosophique et littéraire de Platon et les qualités particulières du *Criton* ont été appréciés avec autant d'élégance que d'exactitude par nos meilleurs critiques, et notamment par La Harpe, Thomas et M. Cousin. Nous en donnons ici quelques extraits pour l'utilité des élèves.

I.

Cicéron disait que si les dieux voulaient parler la langue des hommes, ils parleraient celle de Platon; ce qui sans doute ne se rapportait pas seulement à l'élégance de son élocution, mais aussi à la nature de ses conceptions philosophiques, qui sont d'un ordre très-élevé. C'est sans contredit de tous les philosophes anciens celui qui a le plus brillé par le talent d'écrire : sans parler de cette pureté de diction qu'on appelait atticisme, et que tous les critiques anciens lui accordent dans le plus haut degré, il a su concilier la sévérité des matières les plus abstraites avec les ornements du langage, et l'on voit que celui qui conseillait à Xénocrate de sacrifier aux Grâces n'avait pas négligé leur culte et avait profité de leur commerce. LA HARPE.

II.

On peut dire que Socrate ne put avoir un panégyriste plus célèbre, ni plus digne de lui que Platon; on a souvent attaqué ce dernier comme philosophe, on l'a toujours admiré comme écrivain. En se servant de la plus belle langue de l'univers, Platon ajouta encore à sa beauté; il semble qu'il eût contemplé et vu de près cette beauté éternelle dont il parle sans cesse, et que, par une méditation profonde, il l'eût transportée dans ses écrits. Elle anime ses images, elle préside à son harmonie, elle répand la vie et une grâce sublime sur les fonds qui représentent ses idées; souvent elle donne à son style ce caractère céleste que les artistes grecs donnaient à leurs divinités : comme l'Apollon du Vatican, comme le Jupiter olympien de Phidias, son expression est grande et calme; son élévation paraît tranquille comme celle des cieux : on dirait qu'il en a le langage; son style ne s'élance point, ne s'arrête point : les idées s'enchaînent aux idées; les mots qui composent les phrases, les phrases qui composent les discours, tout s'attire et se déploie ensemble; tout se développe avec rapidité et avec mesure.

Dans tous les ouvrages de Platon, c'est Socrate qui mène l'homme à la vérité; Socrate en même temps conserve son ca-

ractère et son génie ; partout il garde sa manière de raisonner, ses inductions, ses interrogations, ces espèces de pièges et de longs détours dans lesquels il enveloppait ses adversaires pour les amener, malgré eux, à une vérité qu'ils combattaient. On peut donc regarder tous les dialogues de Platon ensemble comme une espèce de drame composé en l'honneur de son maître. Socrate, dans chaque scène, prêche la morale ; et le dénoûment, c'est la ciguë.
THOMAS.

III.

Criton propose à Socrate d'échapper à la mort en fuyant de sa prison. D'abord c'eût été un contre-sens dans la destinée de Socrate, ensuite une faiblesse assez inutile à soixante et onze ans ; enfin une violation coupable de la loi athénienne, qui ordonnait que tout jugement rendu fût exécuté.

Le *Criton* est le développement de cette dernière considération généralisée, c'est-à-dire de l'obligation morale imposée à tout citoyen d'obéir en toute circonstance aux lois du pays, l'obligation morale étant au-dessus de toute circonstance et n'admettant aucune exception. L'austérité de ce principe prouve à quel point Socrate était jaloux du titre de bon citoyen, et quel prix attachaient ses disciples à dissimuler et à couvrir, en quelque sorte, la désobéissance réelle de leur maître à la partie religieuse de la constitution athénienne, sous l'appareil de ses vertus civiques et de son absolu dévouement aux lois. A proprement parler, le *Criton* est un complément de l'*Apologie*. En effet, quoique Socrate évitât les affaires publiques, la patrie ne l'appela jamais sans le trouver docile et fidèle. Guerrier intrépide, juge impartial, également inébranlable aux menaces des Trente et aux clameurs de la multitude, il se conduisit toujours en bon et loyal serviteur de la république. Aujourd'hui même que les lois de cette république, qu'il a toujours aimée et servie, le condamnent injustement à mourir, plutôt que de leur manquer, il meurt ; il s'abandonne tout entier à la loi ; il ne réserve que sa conscience.

Quant au principe de l'obéissance absolue à la loi, il se rattache à l'esprit général de la politique de Platon ; et c'est dans la *République* et les *Lois* qu'il en faut chercher la base et le développement.
M. V. COUSIN.

D'après ces appréciations, on voit que Platon, surnommé *le Divin* par les auteurs anciens, entre autres par Cicéron, a développé dans ses Dialogues, principalement par la bouche de Socrate, la morale la plus pure et la plus élevée, et que, dans le *Criton*, il a tracé, expliqué et prouvé le devoir peut-être le plus difficile du citoyen, celui d'obéir aux lois, lors même qu'elles le frappent injustement.
ÉMILE LEFRANC.

PLATON.
CRITON.

ΣΩΚΡΑΤΗΣ *SOCRATE*. — ΚΡΙΤΩΝ *CRITON*.

I. *Socrate.* Τί τηνικάδε ἀφῖξαι, ὦ Κρίτων, ἢ οὐ πρωΐ ἔτι ἐστί; — *Criton.* Πάνυ μὲν οὖν. — *Socrate.* Πηνίκα μάλιστα; — *Criton.* Ὄρθρος βαθύς. — *Socrate.* Θαυμάζω ὅπως ἠθέλησέ σοι ὁ τοῦ δεσμωτηρίου φύλαξ ὑπακοῦσαι. — *Criton.* Ξυνήθης ἤδη μοί ἐστιν, ὦ Σώκρατες, διὰ τὸ πολλάκις δεῦρο φοιτᾶν· καί τι εὐηργέτηται ὑπ' ἐμοῦ. — *Socrate.* Ἄρτι δὲ ἥκεις, ἢ πάλαι; — *Criton.* Ἐπιεικῶς πάλαι. —

I. SOCRATE. Τί [Pour-]quoi, ὦ Κρίτων ô Criton, ἀφῖξαι es-tu venu τηνικάδε à cette heure-ci, ἢ ou bien οὐκ ἔστι n'est-il pas ἔτι encore πρωΐ de bonne heure ? — CRITON. Μὲν οὖν A la vérité πάνυ tout à fait [de bonne heure].—SOCRATE. Πηνίκα Quelle heure μάλιστα au plus (environ)? — CRITON. Ὄρθρος [Le] lever du jour βαθύς avancé (le premier point du jour). — SOCRATE. Θαυμάζω Je m'étonne ὅπως de quelle manière ὁ φύλαξ le gardien τοῦ δεσμωτηρίου de la prison ἠθέλησε a voulu (a consenti à) ὑπακοῦσαι prêter l'oreille σοι à toi.—CRITON. Ἔστιν Il est ἤδη déjà ξυνήθης familier avec μοι moi, ὦ Σώκρατες ô Socrate, διὰ τὸ φοιτᾶν pour faire des visites (parce que je viens) δεῦρο ici πολλάκις souvent, καὶ et εὐηργέτηται il a été bien traité τι [en] quelque [chose] ὑπ' ἐμοῦ par moi. — SOCRATE. Δὲ Mais ἥκεις es-tu venu ἄρτι tout à l'heure, ἢ ou πάλαι depuis longtemps? — CRITON. Πάλαι Depuis longtemps ἐπιεικῶς passablement (depuis assez longtemps).

Socrate. Εἶτα πῶς οὐκ εὐθὺς ἐπήγειράς με, ἀλλὰ σιγῇ παρακάθησαι; — *Criton.* Οὐ μὰ τὸν Δία, ὦ Σώκρατες, οὐδ' ἂν αὐτὸς ἤθελον ἐν τοσαύτῃ ἀγρυπνίᾳ καὶ λύπῃ εἶναι. Ἀλλὰ καὶ σοῦ πάλαι θαυμάζω, αἰσθανόμενος, ὡς ἡδέως καθεύδεις· καὶ ἐπίτηδές σε οὐκ ἤγειρον, ἵνα ὡς ἥδιστα διάγῃς. Καὶ πολλάκις μὲν δή σε καὶ πρότερον ἐν παντὶ τῷ βίῳ εὐδαιμόνισα τοῦ τρόπου, πολὺ δὲ μάλιστα ἐν τῇ νῦν παρεστώσῃ ξυμφορᾷ, ὡς ῥᾳδίως αὐτὴν καὶ πρᾴως φέρεις. — *Socrate.* Καὶ γὰρ ἄν, ὦ Κρίτων, πλημμελὲς εἴη ἀγανακτεῖν τηλικοῦτον ὄντα, εἰ δεῖ ἤδη τελευτᾶν. — *Criton.* Καὶ ἄλλοι, ὦ Σώκρατες, τηλικοῦτοι ἐν τοιαύ-

---

— Socrate. Εἶτα Eh bien! πῶς comment οὐκ ἐπήγειρας n'as-tu pas éveillé με moi εὐθὺς tout de suite, ἀλλὰ mais παρακάθησαι t'es-tu assis auprès [de moi] σιγῇ en silence? — Criton. Οὐ Non μὰ τὸν Δία par Jupiter, ὦ Σώκρατες ὁ Socrate, οὐδὲ ni αὐτὸς moi-même ἂν ἤθελον je [ne] voudrais εἶναι être ἐν ἀγρυπνίᾳ dans une insomnie τοσαύτῃ telle καὶ et λύπῃ une [telle] affliction. Ἀλλὰ καὶ Mais encore θαυμάζω je m'étonne πάλαι depuis longtemps σοῦ [au sujet] de toi, αἰσθανόμενος m'étant aperçu ὡς que καθεύδεις tu dors ἡδέως avec plaisir, καὶ et οὐκ ἤγειρον je n'ai pas éveillé σε toi ἐπίτηδες à dessein, ἵνα afin que διάγῃς tu passes (passasses) [ton temps] ὡς ἥδιστα le plus agréablement [possible]. Καὶ et δὴ certes μὲν d'un côté καὶ même πρότερον auparavant ἐν παντὶ τῷ βίῳ dans toute la vie, εὐδαιμόνισα j'ai proclamé heureux σε toi, δὲ d'un autre côté [je te proclame heureux] τοῦ τρόπου [à cause] du (de ton) caractère, δὲ mais πολὺ μάλιστα bien davantage ἐν τῇ ξυμφορᾷ dans le malheur παρεστώσῃ qui est survenu νῦν maintenant ὡς [de ce] que φέρεις tu supportes αὐτὴν lui ῥᾳδίως avec facilité καὶ et πρᾴως avec douceur. — Socrate. Καὶ γὰρ Et en effet, ὦ Κρίτων ὁ Criton, ἂν εἴη il serait πλημμελὲς contraire aux convenances ὄντα [moi] étant τηλικοῦτον d'un tel âge ἀγανακτεῖν m'indigner (que je m'indignasse), εἰ si δεῖ il faut ἤδη déjà τελευτᾶν mourir. — Criton. Καὶ Et ἄλλοι d'autres, ὦ Σώκρατες ὁ Socrate, τηλικοῦτοι

ταῖς ξυμφοραῖς ἁλίσκονται, ἀλλ' οὐδὲν αὐτοῖς ἐπιλύεται ἡ ἡλικία τὸ μὴ οὐχὶ ἀγανακτεῖν τῇ παρούσῃ τύχῃ. — *Socrate.* Ἔστι ταῦτα. Ἀλλὰ τί δὴ οὕτω πρωῒ ἀφῖξαι; — *Criton.* Ἀγγελίαν, ὦ Σώκρατες, φέρων χαλεπήν, οὔ σοι, ὡς ἐμοὶ φαίνεται, ἀλλ' ἐμοὶ, καὶ τοῖς σοῖς ἐπιτηδείοις πᾶσι, καὶ χαλεπὴν καὶ βαρεῖαν· ἣν ἐγώ, ὡς ἐμοὶ δοκῶ, ἐν τοῖς βαρύτατα ἂν ἐνέγκαιμι. — *Socrate.* Τίνα ταύτην; ἢ τὸ πλοῖον ἀφῖκται ἐκ Δήλου, οὗ δεῖ ἀφικομένου τεθνάναι με; — *Criton.* Οὔτοι δὴ

―――――――――――――――――――

d'un tel âge ἁλίσκονται sont enveloppés ἐν τοιαύταις ξυμφοραῖς dans de tels malheurs, ἀλλὰ cependant ἡ ἡλικία l'âge ἐπιλύεται [n']est empêchement οὐδὲν [en] rien αὐτοῖς pour eux τὸ μὴ οὐχὶ ἀγανακτεῖν [dans] le ne point s'indigner (ne les empêche en rien de s'indigner) τῇ τύχῃ [contre] la fortune παρούσῃ présente. — SOCRATE. Ταῦτα Cela ἔστι est (il en est ainsi). Ἀλλὰ Mais τί [pour-] quoi δὴ certes ἀφῖξαι es-tu venu οὕτω tellement πρωῒ de bonne heure? — CRITON. Φέρων [Je suis venu] apportant, ὦ Σώκρατες ô Socrate, ἀγγελίαν une nouvelle χαλεπήν pénible, οὔ non σοι pour toi, ὡς comme φαίνεται il paraît ἐμοὶ à moi, ἀλλὰ mais καὶ et χαλεπὴν pénible καὶ et βαρεῖαν accablante ἐμοὶ [pour] moi, καὶ et πᾶσι τοῖς σοῖς ἐπιτηδείοις [pour] tous les tiens (tes) amis, ἣν laquelle ἐγὼ ἂν ἐνέγκαιμι je supporterai, ὡς comme δοκῶ je parais ἐμοὶ à moi (comme je le crois), ἐν τοῖς parmi ceux (avec ceux) βαρύτατα [qui supportent les choses] les plus pénibles (que je supporterai bien péniblement). — SOCRATE. Τίνα ταύτην Quelle cette [nouvelle tu apportes] (quelle est cette nouvelle)? ἢ est-ce que τὸ πλοῖον[1] le navire ἀφῖκται est venu ἐκ Δήλου de Délos, οὗ lequel [navire] ἀφικομένου étant arrivé, δεῖ il faut με moi τεθνάναι mourir? — CRITON. Οὔτοι ἀφῖκται Il n'est vraiment

―――――――――――――――――――

1. Tous les ans, un navire partait d'Athènes pour Délos, sous le nom de *théorie*, avec des offrandes destinées à Apollon. Or, une loi avait décidé que pendant l'allée et le retour, c'est-à-dire pendant trente jours, il ne serait exécuté aucun condamné. Le vaisseau était parti précisément le lendemain de la condamnation de Socrate.

ἀφῖκται, ἀλλὰ δοκεῖ μέν μοι ἥξειν τήμερον, ἐξ ὧν ἀπαγγέλλουσιν ἥκοντές τινες ἀπὸ Σουνίου, καὶ καταλιπόντες ἐκεῖ αὐτό. Δῆλον οὖν ἐκ τούτων τῶν ἀγγέλων, ὅτι ἥξει τήμερον, καὶ ἀνάγκη δὴ εἰςαύριον ἔσται, ὦ Σώκρατες, τὸν βίον σε τελευτᾶν.

II. Socrate. Ἀλλ᾽, ὦ Κρίτων, τύχῃ ἀγαθῇ· εἰ ταύτῃ τοῖς Θεοῖς φίλον, ταύτῃ ἔστω. Οὐ μέντοι οἶμαι ἥξειν αὐτὸ τήμερον. — Criton. Πόθεν τοῦτο τεκμαίρῃ; — Socrate. Ἐγώ σοι ἐρῶ. Τῇ γάρ που ὑστεραίᾳ δεῖ με ἀποθνήσκειν, ἢ ᾗ ἂν ἔλθοι τὸ πλοῖον. — Criton. Φασί γέ τοι δὴ οἱ τούτων κύριοι. —

---

pas venu δὴ déjà, ἀλλὰ μέν mais du moins μοι δοκεῖ il me semble ἥξειν devoir venir τήμερον aujourd'hui, ἐξ ὧν d'après [les choses] que ἀπαγγέλλουσι annoncent τινες certains [hommes] ἥκοντες venant ἀπὸ Σουνίου[1] de Sunium καὶ et καταλιπόντες ayant laissé αὐτὸ lui (ce navire) ἐκεῖ là. Οὖν Donc δῆλον [il est] évident, ἐκ τούτων τῶν ἀγγέλων d'après ces messagers ὅτι que ἥξει il viendra τήμερον aujourd'hui, καὶ et ἀνάγκη nécessité ἔσται sera δὴ certes εἰςαύριον demain, ὦ Σώκρατες ô Socrate, σὲ toi τελευτᾶν accomplir τὸν βίον la vie (mourir).

II. Socrate. Ἀλλὰ Mais, ὦ Κρίτων ô Criton, τύχῃ [c'est] par une fortune ἀγαθῇ heureuse : εἰ si φίλον [il est] agréable τοῖς Θεοῖς aux dieux ταύτῃ [que ce soit] par cette [fortune], ἔστω que [ce] soit ταύτῃ par celle-ci. Οὐκ οἶμαι Je ne pense pas μέντοι cependant αὐτὸ ce [vaisseau] ἥξειν devoir venir τήμερον aujourd'hui. — Criton. Πόθεν D'où τεκμαίρῃ conjectures-tu τοῦτο cela ? — Socrate. Ἐγὼ ἐρῶ Je [le] dirai σοι à toi : γάρ car δεῖ il faut που probablement με moi ἀποθνήσκειν mourir τῇ ὑστεραίᾳ un [jour] plus tard ἢ que ᾗ [celui dans] lequel (le lendemain du jour où) τὸ πλοῖον le navire ἂν ἔλθοι viendra. — Criton. Γέ τοι Du moins οἱ κύριοι les ordonnateurs τούτων de ces [choses] φασὶ [le] disent δὴ

---

1. Sunium, promontoire de l'Attique. Aujourd'hui cap *Colone*.

Socrate. Οὐ τοίνυν τῆς ἐπιούσης ἡμέρας οἶμαι αὐτὸ ἥξειν, ἀλλὰ τῆς ἑτέρας· τεκμαίρομαι δὲ ἔκ τινος ἐνυπνίου, ὃ ἑώρακα ὀλίγον πρότερον ταύτης τῆς νυκτός· καὶ κινδυνεύεις ἐν καιρῷ τινι οὐκ ἐγεῖραί με. — *Criton.* Ἦν δὲ δὴ τί τὸ ἐνύπνιον; — *Socrate.* Ἐδόκει τίς μοι γυνὴ προςελθοῦσα, καλὴ καὶ εὐειδής, λευκὰ ἱμάτια ἔχουσα, καλέσαι με, καὶ εἰπεῖν· Ὦ Σώκρατες,

ἤματί κεν τριτάτῳ Φθίην ἐρίβωλον ἵκοιο¹.

— *Criton.* Ὡς ἄτοπον τὸ ἐνύπνιον, ὦ Σώκρατες. — *Socrate.* Ἐναργὲς μὲν οὖν, ὥς γ' ἐμοὶ δοκεῖ, ὦ Κρίτων.

---

assurément. — SOCRATE. Οὐ τοίνυν οἶμαι Je ne pense donc pas αὐτὸ lui ἥξειν devoir venir τῆς ἡμέρας le jour ἐπιούσης suivant (demain), ἀλλὰ mais τῆς ἑτέρας l'autre (après-demain) : δὲ or τεκμαίρομαι je conjecture [cela] ἔκ τινος ἐνυπνίου d'après un songe ὃ que ἑώρακα j'ai vu ὀλίγον un peu πρότερον avant [cet instant-ci] τῆς ταύτης νυκτός [pendant] cette [même] nuit; καὶ et κινδυνεύεις tu risques οὐκ ἐγεῖραι de n'avoir [pas] éveillé με moi ἔν τινι καιρῷ dans une occasion favorable. — CRITON. Δὲ Mais τί quel ἦν était δὴ donc τὸ ἐνύπνιον le songe? — SOCRATE. Τίς γυνὴ Une femme προςελθοῦσα s'avançant, καλὴ belle καὶ et εὐειδὴς agréable à voir, ἔχουσα ayant ἱμάτια des vêtements λευκὰ blancs, ἐδόκει paraissait μοι à moi καλέσαι appeler με moi, καὶ et εἰπεῖν dire : Ὦ Σώκρατες O Socrate, κεν ἵκοιο tu iras Φθίην² [dans la] Phthie ἐρίβωλον très-fertile τριτάτῳ ἤματι le troisième jour (après trois jours). — CRITON. Τὸ ἐνύπνιον Le songe, ὦ Σώκρατες ô Socrate, ὡς ἄτοπον [est] comme étrange (est tant soit peu étrange). — SOCRATE. Μὲν A la vérité οὖν du moins, ὦ Κρίτων ô Criton, ἐναργὲς [il est] significatif, ὡς comme γε certes δοκεῖ il paraît ἐμοὶ à moi.

1. Vers tiré de l'*Iliade*.
2. Patrie d'Achille.

III. *Criton.* Λίαν γε, ὡς ἔοικεν· ἀλλ', ὦ δαιμόνιε Σώκρατες, ἔτι καὶ νῦν ἐμοὶ πείθου, καὶ σώθητι· ὡς ἐμοί, ἐὰν σὺ ἀποθάνῃς, οὐ μία ξυμφορά ἐστιν, ἀλλὰ χωρὶς μὲν τοῦ ἐστερῆσθαι τοιούτου ἐπιτηδείου οἷον οὐδένα μήποτε εὑρήσω, ἔτι δὲ καὶ πολλοῖς δόξω, οἳ ἐμὲ καὶ σὲ μὴ σαφῶς ἴσασιν, ὡς οἷός τε ὢν σε σώζειν, εἰ ἤθελον ἀναλίσκειν χρήματα, ἀμελῆσαι. Καίτοι τίς ἂν αἰσχίων εἴη ταύτης δόξα, ἢ δοκεῖν χρήματα περὶ πλείονος ποιεῖσθαι, ἢ φίλους; Οὐ γὰρ πείσονται οἱ πολλοί, ὡς σὺ αὐτὸς οὐκ ἠθέλησας ἀπιέναι ἐνθένδε, ἡμῶν προθυμουμένων.
— *Socrate.* Ἀλλὰ τί ἡμῖν, ὦ μακάριε Κρίτων, οὕτω τῆς τῶν

III. CRITON. Λίαν Fort [significatif] γε certes, ὡς comme ἔοικεν il est vraisemblable; ἀλλὰ mais, ὦ δαιμόνιε Σώκρατες ô [mon] cher Socrate, νῦν maintenant καὶ même ἔτι encore πείθου crois ἐμοὶ moi, καὶ et σώθητι sois sauvé: ὡς puisque οὐ μία ξυμφορά non un seul malheur ἐστιν est ἐμοὶ à moi (j'ai plus d'un malheur à craindre) ἐὰν si σὺ toi ἀποθάνῃς tu meurs; ἀλλὰ mais μὲν d'un côté, χωρὶς τοῦ ἐστερῆσθαι sans le avoir été privé τοῦ τοιούτου ἐπιτηδείου d'un tel ami (d'un ami tel) οἷον que μήποτε εὑρήσω je n'[en] trouverai jamais οὐδένα aucun, δὲ d'un autre côté δόξω je paraîtrai ἔτι encore καὶ même πολλοῖς à plusieurs, οἳ qui μὴ ἴσασιν ne connaissent pas σαφῶς clairement ἐμὲ moi καὶ et σὲ toi, ὡς comme ὢν étant οἷός τε capable σώζειν [de] sauver σε toi, εἰ si ἤθελον je voulais ἀναλίσκειν sacrifier χρήματα des richesses, ἀμελῆσαι [je paraîtrai l'] avoir négligé. Καὶ Et τοι certes τίς δόξα quelle renommée ἂν εἴη serait αἰσχίων plus honteuse ταύτης [que] celle-ci, ἢ que δοκεῖν [de] paraître ποιεῖσθαι estimer περὶ πλείονος plus χρήματα [l'] argent ἢ que φίλους des amis? Γὰρ Car οἱ πολλοὶ la plupart οὐ πείσονται ne croiront pas ὡς que σὺ αὐτὸς toi-même οὐκ ἠθέλησας tu n'as [pas] voulu ἀπιέναι t'en aller ἐνθένδε d'ici, ἡμῶν nous προθυμουμένων [t'y] encourageant. — SOCRATE. Ἀλλὰ Mais, ὦ μακάριε Κρίτων ô mon très-cher Criton, τί [pour-]quoi οὕτω μέλει

πολλῶν δόξης μέλει; οἱ γὰρ ἐπιεικέστατοι, ὧν μᾶλλον ἄξιον φροντίζειν, ἡγήσονται αὐτὰ οὕτω πεπρᾶχθαι, ὥσπερ ἂν πραχθῇ. — *Criton*. Ἀλλ᾽ ὁρᾷς δή, ὅτι ἀνάγκη, ὦ Σώκρατες, καὶ τῆς τῶν πολλῶν δόξης μέλειν. Αὐτὰ δὲ δηλοῖ τὰ παρόντα νυνί, ὅτι οἷοί τέ εἰσιν οἱ πολλοὶ οὐ τὰ σμικρότατα τῶν κακῶν ἐξεργάζεσθαι, ἀλλὰ σχεδὸν τὰ μέγιστα, ἐάν τις ἐν αὐτοῖς διαβεβλημένος ᾖ. — *Socrate*. Εἰ γὰρ ὤφελον, ὦ Κρίτων, οἷοί τε εἶναι οἱ πολλοὶ τὰ μέγιστα κακὰ ἐξεργάζεσθαι, ἵνα οἷοί τε ἦσαν καὶ ἀγαθὰ τὰ μέγιστα· καὶ καλῶς ἂν εἶχε. Νῦν δὲ οὐδέ-

---

est-il ainsi souci ἡμῖν à nous τῆς δόξης de l'opinion τῶν πολλῶν de la plupart (de ce qu'en dira le monde)? γὰρ car οἱ ἐπιεικέστατοι les plus justes, ὧν desquels μᾶλλον ἄξιον [il est] plus convenable φροντίζειν [de] se soucier, ἡγήσονται penseront αὐτὰ ces [choses] πεπρᾶχθαι[1] s'être passées οὕτως ainsi ὥσπερ comme ἂν πραχθῇ elles se seront passées. — CRITON. Ἀλλὰ Mais ὁρᾷς tu vois δὴ assurément, ὦ Σώκρατες ὁ Socrate, ὅτι que ἀνάγκη nécessité [est] μέλειν [de] se mettre en peine τῆς δόξης de l'opinion τῶν πολλῶν de la multitude. Δὲ Or τὰ παρόντα les [événements] présents νυνί maintenant αὐτὰ eux-mêmes δηλοῖ montrent ὅτι que οἱ πολλοὶ la plupart (la multitude) εἰσιν sont οἷοί τε capables ἐξεργάζεσθαι [d'] accomplir οὐ non [-seulement] τὰ σμικρότατα les plus petits τῶν κακῶν des maux, ἀλλὰ mais σχεδὸν à peu près τὰ μέγιστα les plus grands, ἐὰν si τις quelqu'un ᾖ διαβεβλημένος a été calomnié, ἐν αὐτοῖς auprès d'eux. — SOCRATE. Εἰ ὤφελον Plût au ciel γὰρ en effet, ὦ Κρίτων ὁ Criton, οἱ πολλοὶ la plupart εἶναι être (que la plupart fussent) οἷοί τε capables ἐξεργάζεσθαι [d'] accomplir τὰ μέγιστα κακὰ les plus grands maux, ἵνα [là] où ἦσαν ils étaient (ils furent) οἷοί τε capables καὶ aussi τὰ μέγιστα ἀγαθά [d'accomplir] les plus grands biens : καὶ et ἂν εἶχε [les choses] se passeraient καλῶς bien. Δὲ Mais νῦν maintenant οἷοί τε [ils ne sont] capables οὐδέτερα [de faire] ni les uns ni les

---

1. Πεπρᾶχθαι, inf. parf. pass. de πράσσω, attique πράττω.

τερα οἷοί τε· οὔτε γὰρ φρόνιμον, οὔτε ἄφρονα δυνατοὶ ποιῆσαι· ποιοῦσι δὲ τοῦτο, ὅ τι ἂν τύχωσι.

IV. *Criton.* Ταῦτα μὲν δὴ οὕτως ἐχέτω. Τάδε δὲ, ὦ Σώκρατες, εἰπέ μοι· ἆρά γε μὴ ἐμοῦ προμηθῇ, καὶ τῶν ἄλλων ἐπιτηδείων, μὴ, ἐὰν σὺ ἐνθένδε ἐξέλθῃς, οἱ συκοφάνται ἡμῖν πράγματα παρέχωσιν, ὡς σε ἐνθένδε ἐκκλέψασι, καὶ ἀναγκασθῶμεν ἢ καὶ πᾶσαν τὴν οὐσίαν ἀποβαλεῖν, ἢ συχνὰ χρήματα, ἢ καὶ ἄλλο τι πρὸς τούτοις παθεῖν; Εἰ γάρ τι τοιοῦτον φοβεῇ, ἔασον αὐτὸ χαίρειν. Ἡμεῖς γάρ που δίκαιοί ἐσμεν σώσαντές

---

autres : γὰρ car δυνατοὶ [ils ne sont] capables ποιῆσαι [de] faire οὔτε ni φρόνιμον [un homme] sensé, οὔτε ni ἄφρονα [un homme] insensé : δὲ mais ποιοῦσι ils font τοῦτο ce ὅ τι que ἂν τύχωσι ils trouvent à leur portée (ce qu'ils peuvent).

IV. Criton. Μὲν δὴ Or donc ταῦτα [que] ces [choses] ἐχέτω se passent οὕτως ainsi. Δὲ Mais, ὦ Σώκρατες ô Socrate, εἰπέ μοι dis-moi τάδε ceci : Ἆρά γε est-ce donc que μὴ προμηθῇ tu ne veilles [pas] aux intérêts ἐμοῦ de moi καὶ et τῶν ἄλλων ἐπιτηδείων des autres (de tes autres) amis, μὴ de peur que, ἐὰν si σὺ ἐξέλθῃς tu sors ἐνθένδε d'ici, οἱ συκοφάνται les dénonciateurs παρέχωσι [ne] fassent πράγματα des affaires ἡμῖν à nous ὡς comme ἐκκλέψασι ayant enlevé furtivement σε toi ἐνθένδε d'ici, καὶ et ἀναγκασθῶμεν [que] nous [ne] soyons obligés ἢ ou ἀποβαλεῖν [de] sacrifier καὶ même τὴν πᾶσαν οὐσίαν toute la (notre) fortune ἢ ou χρήματα des richesses συχνὰ abondantes, ἢ ou καὶ aussi παθεῖν [de] souffrir τι ἄλλο quelqu'autre [chose] πρὸς τούτοις en outre de cela? Εἰ γὰρ Si en effet φοβεῇ tu crains τι τοιοῦτον quelque chose de tel, ἔασον laisse αὐτὸ cela χαίρειν se bien porter (ne t'en embarrasse pas). Γὰρ Car ἡμεῖς nous ἐσμεν nous sommes που en quelque façon δίκαιοι justes (il sera juste) σώσαντες ayant sauvé σε toi, κιν-

σε, κινδυνεύειν τοῦτον τὸν κίνδυνον, καὶ, ἐὰν δέῃ, ἔτι τούτου μείζω. Ἀλλ' ἐμοὶ πείθου, καὶ μὴ ἄλλως ποίει. — *Socrate.* Καὶ ταῦτα προμηθοῦμαι, ὦ Κρίτων, καὶ ἄλλα πολλά. — *Criton.* Μὴ τοίνυν ταῦτα φοβοῦ. Καὶ γὰρ οὐδὲ πολὺ τἀργύριόν ἐστιν, ὃ θέλουσι λαβόντες τινὲς σῶσαί σε καὶ ἐξαγαγεῖν ἐνθένδε. Ἔπειτα οὐχ ὁρᾷς τούτους τοὺς συκοφάντας, ὡς εὐτελεῖς, καὶ οὐδὲν ἂν δέοι ἐπ' αὐτοὺς πολλοῦ ἀργυρίου; Σοὶ δὲ ὑπάρχει μὲν τὰ ἐμὰ χρήματα, ὡς ἐγῷμαι, ἱκανά· ἔπειτα καὶ εἴ τι ἐμοῦ κηδόμενος οὐκ οἴει δεῖν ἀναλίσκειν τὰ ἐμά, ξένοι οὗτοι ἐνθάδε

δυνεύειν τὸν τοῦτον κίνδυνον [de] nous exposer à ce danger (que nous nous exposions à ce danger) καὶ et, ἐὰν si δέῃ il [le] faut μείζω [à un danger] plus grand ἔτι encore τούτου [que] celui-ci. Ἀλλὰ Mais πείθου crois ἐμοὶ moi, καὶ et μὴ ποίει n'agis [pas] ἄλλως autrement. — Socrate. Ὦ Κρίτων O Criton, προμηθοῦμαι je veille καὶ et ταῦτα [à] ces [intérêts], καὶ et πολλὰ ἄλλα [à] beaucoup d'autres. — Criton. Μὴ τοίνυν φοβοῦ Ne redoute donc pas ταῦτα cela. Καὶ γὰρ Et en effet, τἀργύριον (pour τὸ ἀργύριον) l'argent οὐδ' ἔστιν n'est pas πολὺ considérable, ὃ lequel τινὲς quelques-uns λαβόντες ayant reçu θέλουσι veulent σῶσαι sauver σε toi καὶ et ἐξαγαγεῖν [t'] emmener ἐνθένδε d'ici. Ἔπειτα Ensuite οὐχ ὁρᾷς ne vois-tu pas τούτους; τοὺς συκοφάντας ces dénonciateurs ὡς comme εὐτελεῖς [ils sont] d'un prix peu élevé καὶ et ἂν δέοι [qu'] il [n'y] aurait besoin οὐδὲν [en] rien ἐπ' αὐτοὺς contre eux (pour en venir à bout) πολλοῦ ἀργυρίου de beaucoup d'argent? Δὲ Or μὲν d'un côté τὰ ἐμὰ χρήματα les miennes (mes) richesses, ὡς comme ἐγῷμαι (pour ἐγὼ οἴμαι) je [le] pense, ἱκανά suffisantes ὑπάρχει sont σοι à toi (t'appartiennent); ἔπειτα ensuite καὶ même, εἰ si κηδόμενος ayant soin ἐμοῦ de moi τι [en] quelque [chose], οὐκ οἴει tu ne penses pas δεῖν falloir (qu'il faille) ἀναλίσκειν sacrifier τὰ ἐμὰ les miennes (mes) [richesses], οὗτοι ξένοι ces étrangers (voici des étrangers qui) ἕτοιμοι [sont] prêts ἐνθάδε ici ἀναλί-

1.

ἕτοιμοι ἀναλίσκειν· εἷς δὲ καὶ κεκόμικεν ἐπ' αὐτὸ τοῦτο ἀργύριον ἱκανὸν, Σιμμίας ὁ Θηβαῖος· ἕτοιμος δὲ καὶ Κέβης καὶ ἄλλοι πολλοὶ πάνυ. Ὥστε, ὅπερ λέγω, μήτε ταῦτα φοβούμενος ἀποκάμῃς σῶσαι σαυτὸν, μήτε, ὃ ἔλεγες ἐν τῷ δικαστηρίῳ, δυςχερές σοι γενέσθω, ὅτι οὐκ ἂν ἔχοις, ἐξελθὼν, ὅτι χρῷο σαυτῷ. Πολλαχοῦ μὲν γὰρ καὶ ἄλλοσε, ὅποι ἂν ἀφίκῃ, ἀγαπήσουσί σε· ἂν δὲ βούλῃ εἰς Θετταλίαν ἰέναι, εἰσὶν ἐμοὶ ἐκεῖ ξένοι, οἵ σε περὶ πολλοῦ ποιήσονται, καὶ ἀσφάλειάν σοι παρέξονται, ὥστε σε μηδένα λυπεῖν τῶν κατὰ Θετταλίαν.

σκειν [à] sacrifier [les leurs] ; δὲ d'un autre côté εἷς un καὶ même, Σιμμίας Simmias ὁ Θηβαῖος le Thébain, κεκόμικεν a apporté ἐπὶ τοῦτο pour cet [objet] αὐτὸ même ἀργύριον une somme d'argent ἱκανόν suffisante : δὲ d'un autre côté, Κέβης Cébès καὶ aussi ἕτοιμος [est] prêt καὶ et πολλοὶ ἄλλοι beaucoup d'autres [sont prêts à sacrifier leurs richesses] πάνυ tout à fait. Ὥστε Ainsi, ὅπερ [selon] ce que λέγω je dis, μήτε ni φοβούμενος craignant ταῦτα cela, ἀποκάμῃς [ne] renonce [pas] σῶσαι [à] sauver σαυτὸν toi-même, μήτε ni, ὃ [selon ce] que ἔλεγες tu disais ἐν τῷ δικαστηρίῳ dans le lieu du tribunal, γενέσθω [qu'] il [ne] soit [pas] δυςχερὲς pénible σοι à toi (ne t'inquiète pas), ὅτι [par-] ce que, ἐξελθὼν étant sorti, οὐκ ἂν ἔχοις tu n'auras pas ὅ τι [en] quoi χρῷο[1] tu te serves σαυτῷ de toi-même (tu ne saurais plus que devenir). Γὰρ Car μὲν d'un côté, πολλαχοῦ en plusieurs endroits [où tu seras], καὶ et ἄλλοσε ailleurs, ὅποι ἂν ἀφίκῃ quelque part que tu te rendes, ἀγαπήσουσι [les hommes] aimeront σε toi, δὲ d'un autre côté, ἂν si βούλῃ tu veux ἰέναι aller εἰς Θετταλίαν en Thessalie, ξένοι des hôtes εἰσὶν sont ἐκεῖ là ἐμοὶ à moi, οἵ qui ποιήσονται περὶ πολλοῦ estimeront beaucoup σε toi, καὶ et παρέξονται fourniront σοι [à] toi ἀσφάλειαν sûreté ὥστε de manière à μηδένα personne τῶν des [habitants] κατὰ Θετταλίαν dans [la] Thessalie λυπεῖν affliger σε toi (de manière à ce qu'aucun des habitants de la Thessalie ne te chagrine).

1. Χρῷο, optatif de χράομαι.

V. Ἔτι δὲ, ὦ Σώκρατες, οὐδὲ δίκαιόν μοι δοκεῖς ἐπιχειρεῖν πρᾶγμα, σαυτὸν προδοῦναι, ἐξὸν σωθῆναι, καὶ τοιαῦτα σπεύδεις περὶ σαυτὸν γενέσθαι, ἅπερ ἂν καὶ οἱ ἐχθροί σου σπεύσαιέν τε, καὶ ἔσπευσαν, σὲ διαφθεῖραι βουλόμενοι. Πρὸς δὲ τούτοις καὶ τοὺς υἱεῖς τοὺς σαυτοῦ ἔμοιγε δοκεῖς προδιδόναι, οὕς σοι ἐξὸν καὶ ἐκθρέψαι καὶ ἐκπαιδεῦσαι, οἰχήσῃ καταλιπὼν, καὶ, τὸ σὸν μέρος, ὅ τι ἂν τύχωσι, τοῦτο πράξουσι· τεύξονται δὲ, ὡς τὸ εἰκὸς, τοιούτων, οἷά περ εἴωθε γίγνεσθαι ἐν ταῖς ὀρφανίαις περὶ τοὺς ὀρφανούς. Ἢ γὰρ οὐ χρῆν ποιεῖσθαι παῖδας, ἢ συνδια-

---

V. Δὲ D'un autre côté ἔτι encore, ὦ Σώκρατες ô Socrate, οὐδὲ δοκεῖς tu ne parais pas μοι à moi ἐπιχειρεῖν entreprendre πρᾶγμα une chose δίκαιον juste, προδοῦναι [celle de] livrer σαυτὸν toi-même, ἐξὸν¹ [quand] il est permis σωθῆναι d'échapper καὶ et σπεύδεις tu désires τοιαῦτα [des choses] telles γενέσθαι arriver περὶ σαυτὸν à toi, ἅπερ lesquelles καὶ même οἱ ἐχθροί les ennemis σου de toi ἂν σπεύσαιέν τε désireraient aussi, καὶ et ἔσπευσαν ont désirées (recherchées) βουλόμενοι voulant διαφθεῖραι perdre σε toi. Δὲ Or πρὸς τούτοις outre ces [considérations) δοκεῖς tu parais ἔμοιγε à moi προδιδόναι trahir καὶ même τοὺς υἱεῖς les enfants τοὺς σαυτοῦ ceux de toi, οὓς lesquels ἐξὸν [quand il est] permis σοι à toi καὶ et ἐκθρέψαι [de] nourrir καὶ et ἐκπαιδεῦσαι [d']élever, οἰχήσῃ tu t'en iras καταλιπὼν [les] ayant abandonnés καὶ et, τὸ σὸν μέρος [selon] ta part (autant qu'il dépend de toi), πράξουσι ils feront τοῦτο cela (ils auront ce sort) ὅ τι que ἂν τύχωσι ils pourront rencontrer : δὲ or τεύξονται ils obtiendront τοιούτων un tel [sort], ὡς comme τὸ εἰκὸς la vraisemblance [existe] (probablement), οἷά περ [que celui] qui εἴωθε a eu coutume γίγνεσθαι [d']arriver περὶ τοὺς ὀρφανοὺς aux orphelins ἐν ταῖς ὀρφανίαις dans la perte des parents. Γὰρ En effet, ἢ ou bien οὐ χρῆν il ne fallait [pas] ποιεῖσθαι procréer παῖδας des enfants, ἢ ou [il fallait] καὶ et τρέφοντα [les] nourrissant, καὶ et παι-

---

1. Ἐξόν, neutre pris adverbialement : *dum licet*.

ταλαιπωρεῖν, καὶ τρέφοντα, καὶ παιδεύοντα. Σὺ δέ μοι δοκεῖς τὰ ῥᾳθυμότατα αἱρεῖσθαι· χρὴ δέ, ἅπερ ἂν ἀνὴρ ἀγαθὸς καὶ ἀνδρεῖος ἕλοιτο, ταῦτα αἱρεῖσθαι, φάσκοντά γε δὴ ἀρετῆς διὰ παντὸς τοῦ βίου ἐπιμελεῖσθαι. Ὡς ἔγωγε καὶ ὑπὲρ σοῦ καὶ ὑπὲρ ἡμῶν τῶν σῶν ἐπιτηδείων αἰσχύνομαι, μὴ δόξῃ ἅπαν τὸ πρᾶγμα τὸ περὶ σὲ ἀνανδρίᾳ τινὶ τῇ ἡμετέρᾳ πεπρᾶχθαι, καὶ ἡ εἴσοδος τῆς δίκης εἰς τὸ δικαστήριον, ὡς εἰσῆλθες, ἐξὸν μὴ εἰσελθεῖν· καὶ αὐτὸς ὁ ἀγὼν τῆς δίκης, ὡς ἐγένετο· καὶ τὸ τελευταῖον δὴ τουτί, ὥσπερ κατάγελως τῆς πράξεως, κακίᾳ τινί, καὶ ἀνανδρίᾳ τῇ ἡμετέρᾳ διαπεφευγέναι ἡμᾶς δοκεῖν, οἵτινές σε οὐ

δεύοντα [les] élevant, συνδιαταλαιπωρεῖν travailler et souffrir avec [eux]. Δὲ Or σὺ toi δοκεῖς tu parais μοι à moi αἱρεῖσθαι préférer τὰ ῥᾳθυμότατα le plus facile; δὲ mais χρὴ il faut φάσκοντά γε [l'homme] prétendant δὴ assurément ἐπιμελεῖσθαι avoir à cœur ἀρετῆς la vertu διὰ παντὸς τοῦ βίου pendant toute la vie αἱρεῖσθαι choisir ταῦτα ce ἅπερ que ἀνὴρ un homme ἀγαθὸς honnête καὶ et ἀνδρεῖος de cœur ἂν ἕλοιτο choisirait. Ὡς Ainsi ἔγωγε pour moi αἰσχύνομαι je rougis καὶ et ὑπὲρ σοῦ pour toi καὶ et ὑπὲρ ἡμῶν pour nous τῶν σῶν ἐπιτηδείων les tiens (qui sommes tes) amis, μὴ de peur que ἅπαν τὸ πρᾶγμα toute l'affaire τὸ περὶ σὲ celle au sujet de toi δόξῃ [ne] paraisse πεπρᾶχθαι avoir été accomplie τινὶ τῇ ἀνανδρίᾳ par (avec) une certaine lâcheté ἡμετέρᾳ nôtre (de notre part), καὶ et ἡ εἴσοδος l'introduction τῆς δίκης du procès εἰς τὸ δικαστήριον au tribunal, ὡς comment εἰσῆλθες tu es entré (tu as été accusé) ἐξὸν [quand il était] permis μὴ εἰσελθεῖν [de] ne pas entrer (être accusé), καὶ et ὁ ἀγὼν le combat αὐτὸς lui-même τῆς δίκης du jugement (les plaidoiries) ὡς comment ἐγένετο elles ont eu lieu, καὶ et δὴ certes τουτὶ τὸ τελευταῖον cette issue, ὥσπερ comme κατάγελως [le] plaisant τῆς πράξεως de l'affaire, (à savoir) ἡμᾶς nous δοκεῖν paraître τινὶ κακίᾳ par une certaine lâcheté καὶ et τῇ ἀνανδρίᾳ par la pusillanimité ἡμετέρᾳ nôtre (notre pusillanimité) διαπεφευγέναι nous être enfuis, οἵτινες [nous] qui

διεσώσαμεν, οὐδὲ σὺ σαυτὸν, οἷόν τε ὂν καὶ δυνατὸν, εἴ τι καὶ σμικρὸν ἡμῶν ὄφελος ἦν. Ταῦτ' οὖν, ὦ Σώκρατες, ὅρα, μὴ ἅμα τῷ κακῷ καὶ αἰσχρὰ ᾖ σοί τε καὶ ἡμῖν· ἀλλὰ βουλεύου· μᾶλλον δὲ οὐδὲ βουλεύεσθαι ἔτι ὥρα, ἀλλὰ βεβουλεῦσθαι. Μία δὲ βουλή· τῆς γὰρ ἐπιούσης νυκτὸς πάντα ταῦτα δεῖ πεπρᾶχθαι. Εἰ δὲ περιμενοῦμεν, ἀδύνατον, καὶ οὐκέτι οἷόν τε. Ἀλλὰ παντὶ τρόπῳ, ὦ Σώκρατες, πείθου μοι, καὶ μηδαμῶς ἄλλως ποίει.

VI. *Socrate.* Ὦ φίλε Κρίτων, ἡ προθυμία σου πολλοῦ

οὐ διεσώσαμεν n'avons pas sauvé σε toi, οὐδὲ ni σὺ toi σαυτὸν [n'ayant sauvé] toi-même, ὂν [cette chose] étant οἷόν τε possible καὶ et δυνατὸν faisable, εἰ si τι ὄφελος quelque secours καὶ même σμικρὸν petit ἦν était ἡμῶν de nous (si nous t'avions prêté quelque assistance). Οὖν Donc, ὦ Σώκρατες ô Socrate, ὅρα vois ταῦτα cela, μὴ de peur que, ἅμα τῷ κακῷ avec le mal, αἰσχρὰ des [choses] honteuses (le déshonneur) ᾖ [ne] soit καὶ aussi τε et σοὶ pour toi καὶ et ἡμῖν pour nous. Ἀλλὰ Cependant βουλεύου réfléchis : δὲ mais μᾶλλον plutôt ὥρα l'heure βουλεύεσθαι [de] délibérer οὐδ' ἔτι n' [est] plus, ἀλλὰ mais βεβουλεῦσθαι [c'est l'heure d'] avoir délibéré. Δὲ Or μία βουλή une seule résolution [est à prendre] : γὰρ car τῆς νυκτὸς la nuit ἐπιούσης survenant, δεῖ il faut πάντα ταῦτα toutes ces [choses] πεπρᾶχθαι avoir été faites (que tout soit terminé). Δὲ Mais, εἰ si περιμενοῦμεν nous tergiverserons (nous tergiversons), ἀδύνατον [c'est] impossible, καὶ et οὐκέτι οἷόν τε [ce] n' [est] plus faisable. Ἀλλὰ Mais, ὦ Σώκρατες ô Socrate, παντὶ τρόπῳ de toute façon, πείθου μοι crois-moi, καὶ et μηδαμῶς ποίει n'agis point du tout ἄλλως autrement.

VI. Socrate. Ὦ φίλε Κρίτων Ô mon cher Criton, ἡ προθυμία la bonne volonté σου de toi ἀξία πολλοῦ [est] digne de beaucoup [d'estime], εἰ si εἴη elle était μετά

ἀξία, εἰ μετά τινος ὀρθότητος εἴη· εἰ δὲ μή, ὅσῳ μείζων, τοσούτῳ χαλεπωτέρα. Σκοπεῖσθαι οὖν χρὴ ἡμᾶς, εἴτε ταῦτα πρακτέον, εἴτε μή· ὡς ἐγὼ οὐ μόνον νῦν, ἀλλὰ καὶ ἀεὶ, τοιοῦτος, οἷος τῶν ἐμῶν μηδενὶ ἄλλῳ πείθεσθαι, ἢ τῷ λόγῳ, ὃς ἄν μοι λογιζομένῳ βέλτιστος φαίνηται. Τοὺς δὴ λόγους, οὓς ἐν τῷ ἔμπροσθεν ἔλεγον, οὐ δύναμαι νῦν ἐκβαλεῖν, ἐπειδή μοι ἥδε ἡ τύχη γέγονεν· ἀλλὰ σχεδόν τοι ὅμοιοι φαίνονταί μοι, καὶ τοὺς αὐτοὺς πρεσβεύω καὶ τιμῶ, οὕσπερ καὶ πρότερον, ὧν ἐὰν μὴ βελτίω ἔχωμεν λέγειν ἐν τῷ παρόντι, εὖ ἴσθι, ὅτι οὐ μή σοι συγ-

---

τινος ὀρθότητος avec (accompagnée d') une certaine droiture [de jugement]; δὲ or, εἰ si μὴ [elle] ne [l'est] pas, τοσούτῳ χαλεπωτέρα [elle est] d'autant plus fâcheuse ὅσῳ que μείζων [elle est] plus grande. Οὖν Donc χρὴ il faut ἡμᾶς nous σκοπεῖσθαι considérer (examiner), εἴτε si πρακτέον[1] on doit faire ταῦτα ces [choses], εἴτε [ou] si μὴ [on] ne [doit] pas [les faire] : ὡς ainsi ἐγὼ je [suis] οὐ μόνον non-seulement νῦν maintenant, ἀλλὰ καὶ mais même ἀεὶ toujours, τοιοῦτος tel : οἷος capable πείθεσθαι [de ne] croire μηδενὶ ἄλλῳ à aucun autre τῶν ἐμῶν des miens ἢ que τῷ λόγῳ à la raison ὃς laquelle ἂν φαίνηται pourra paraître βέλτιστος la meilleure μοι à moi λογιζομένῳ réfléchissant. Οὐ δύναμαι Je ne puis ἐκβαλεῖν rejeter νῦν maintenant δὴ certes τοὺς λόγους les raisonnements οὓς que ἔλεγον j'ai énoncés ἐν τῷ ἔμπροσθεν dans le [temps d'] auparavant, ἐπειδὴ puisque ἥδε ἡ τύχη cette fortune-ci γέγονεν est arrivée μοι à moi : ἀλλὰ mais φαίνονται [ces raisonnements] paraissent μοι à moi τοι certes σχεδὸν presque ὅμοιοι semblables καὶ et πρεσβεύω j'estime καὶ et τιμῶ j'honore τοὺς αὐτοὺς les mêmes [raisonnements] οὕσπερ lesquels καὶ aussi [j'estimais et j'honorais] πρότερον auparavant; ἐὰν si μὴ ἔχωμεν nous ne pouvions pas λέγειν dire βελτίω des [choses] meilleures ὧν [que] celles-ci ἐν τῷ παρόντι dans le [temps] présent, εὖ ἴσθι sache bien ὅτι que οὐ μὴ συγχωρήσω

---

1. Πρακτέον, adj. verbal de πράττω.

χωρήσω, οὐδ' ἂν πλείω τῶν νῦν παρόντων ἡ τῶν πολλῶν δύναμις, ὥσπερ παῖδας, ἡμᾶς μορμολύττηται, δεσμοὺς καὶ θανάτους ἐπιπέμπουσα, καὶ χρημάτων ἀφαιρέσεις. — *Criton*. Πῶς οὖν ἂν μετριώτατα σκοποίμεθα αὐτά; — *Socrate*. Εἰ πρῶτον μὲν τοῦτον τὸν λόγον ἀναλάβοιμεν, ὃν σὺ λέγεις περὶ τῶν δοξῶν, πότερον καλῶς ἐλέγετο ἑκάστοτε, ἢ οὔ, ὅτι ταῖς μὲν δεῖ τῶν δοξῶν προσέχειν τὸν νοῦν, ταῖς δὲ οὔ· ἢ πρὶν μὲν ἐμὲ δεῖν ἀποθνήσκειν καλῶς ἐλέγετο, νῦν δὲ κατάδηλος ἄρα ἐγένετο, ὅτι

---

je ne céderai point σοι à toi, οὐδὲ ni ἂν si πλείω [des choses] plus considérables τῶν que les [choses] νῦν maintenant παρόντων étant proches, [à savoir] ἡ δύναμις la puissance τῶν πολλῶν de la multitude ·μορμολύττηται cherche à épouvanter ἡμᾶς nous ὥσπερ παῖδας comme des enfants, ἐπιπέμπουσα envoyant δεσμοὺς des liens καὶ et θανάτους des morts, καὶ et ἀφαιρέσεις des privations χρημάτων de biens. — Criton. Πῶς Comment οὖν donc ἂν σκοποίμεθα examinerons-nous αὐτὰ ces [choses] μετριώτατα très-modérément ? — Socrate. Πρῶτον D'abord εἰ si μὲν d'un côté ἀναλάβοιμεν nous reprenons τοῦτον τὸν λόγον ce raisonnement ὃν que σὺ λέγεις tu exprimes περὶ τῶν δοξῶν touchant les opinions, πότερον [savoir] si ἑκάστοτε chaque fois ἐλέγετο il était exprimé καλῶς bien, ἢ ou οὔ non, ὅτι [en] ce que. δεῖ il faut μὲν d'un côté προσέχειν appliquer τὸν νοῦν l'esprit ταῖς aux [unes] τῶν δοξῶν des opinions, δὲ d'un autre côté οὐ ne pas [l'appliquer] ταῖς aux [autres]; ἢ ou bien, μὲν d'un côté ἐλέγετο [si ce raisonnement] était exprimé καλῶς bien πρὶν avant δεῖν falloir (qu'il ne faille) ἐμὲ moi ἀποθνήσκειν mourir, δὲ d'un autre côté νῦν maintenant ἄρα donc ἐγένετο [si ce raisonnement] κατάδηλος devenait évident, ὅτι [en] ce que ἐλέγετο (il devient évident que ce raisonnement) était exprimé ἄλλως à la légère ἕνεκα λόγου à cause de la conver-

ἄλλως ἕνεκα λόγου ἐλέγετο, ἦν δὲ παιδιὰ καὶ φλυαρία ὡς ἀληθῶς. Ἐπιθυμῶ δ' ἔγωγε ἐπισκέψασθαι, ὦ Κρίτων, κοινῇ μετὰ σοῦ, εἴ τί μοι ἀλλοιότερος φανεῖται, ἐπειδή γε ὧδε ἔχω, ἢ ὁ αὐτός· καὶ ἐάσομεν χαίρειν, ἢ πεισόμεθα αὐτῷ. Ἐλέγετο δέ πως, ὡς ἐγῷμαι, ἑκάστοτε ὧδε ὑπὸ τῶν οἰομένων τι λέγειν, ὥσπερ νῦν δὴ ἐγὼ ἔλεγον, ὅτι τῶν δοξῶν, ἃς οἱ ἄνθρωποι δοξάζουσι, δέοι τὰς μὲν περὶ πολλοῦ ποιεῖσθαι, τὰς δὲ μή. Τοῦτο,

---

sation (pour le seul plaisir de la conversation), δὲ et ἦν était ὡς ἀληθῶς véritablement παιδιὰ un enfantillage καὶ et φλυαρία un propos frivole. Δὲ Or ἔγωγε pour moi ἐπιθυμῶ je désire ἐπισκέψασθαι examiner, ὦ Κρίτων ô Criton, κοινῇ en commun μετὰ σοῦ avec toi, εἰ si φανεῖται [ce raisonnement] paraîtra τι [en] quelque [chose] ἀλλοιότερος tout autre μοι à moi, ἐπειδὴ lorsque γε du moins ἔχω je suis ὧδε ainsi ἢ ou ὁ αὐτός [s'il paraîtra] le même ; καὶ et ἐάσομεν nous laisserons χαίρειν [lui] se promener (nous l'abandonnerons), ἢ ou πεισόμεθα nous aurons confiance αὐτῷ [en] lui. Δὲ Or ἐλέγετο il était exprimé πως de telle façon, ὡς comme ἐγῷμαι¹ (pour ἐγὼ οἶμαι) je pense, ἑκάστοτε chaque fois ὧδε ici ὑπὸ τῶν οἰομένων par les [gens] pensant λέγειν dire τι quelque chose [de sérieux], ὥσπερ comme νῦν maintenant δὴ certes ἐγὼ ἔλεγον je disais, ὅτι [savoir] que τῶν δοξῶν des (entre les) opinions ἃς que οἱ ἄνθρωποι les hommes δοξάζουσι² opinent (professent), δέοι il faudrait μὲν d'un côté ποιεῖσθαι estimer περὶ πολλοῦ pour un grand [prix] (beaucoup) τὰς les unes, δὲ d'un autre côté μὴ ne [pas estimer beaucoup] τὰς les

1. Cela avait été soutenu apparemment dans les conversations qu'on avait eues les jours précédents, car les amis de Socrate s'étaient assemblés tous les jours dans la prison pour lui tenir compagnie.

2. Δόξαν δοξάζειν, avoir une opinion. Cette forme, comme beaucoup d'autres, a servi de type à celles des Latins : *Vivere vitam*, etc. Bossuet a dit aussi : « Dormez votre sommeil, grands de la terre. »

πρὸς θεῶν, ὦ Κρίτων, οὐ δοκεῖ καλῶς σοι λέγεσθαι; Σὺ γὰρ, ὅσαγε τἀνθρώπεια, ἐκτὸς εἶ τοῦ μέλλειν ἀποθνήσκειν αὔριον, καὶ οὐκ ἄν σε παρακρούοι ἡ παροῦσα ξυμφορά. Σκόπει δή· οὐχ ἱκανῶς δοκεῖ σοι λέγεσθαι, ὅτι οὐ πάσας χρὴ τὰς δόξας τὰς τῶν ἀνθρώπων τιμᾶν, ἀλλὰ τὰς μὲν, τὰς δ' οὔ; οὐδὲ πάντων, ἀλλὰ τῶν μὲν, τῶν δ' οὔ; Τί φής; ταῦτα οὐχὶ καλῶς λέγεται; — *Criton.* Καλῶς. — *Socrate.* Οὐκοῦν τὰς μὲν χρηστὰς τιμᾶν, τὰς δὲ πονηρὰς μή; — *Criton.* Ναί. — *Socrate.* Χρησταὶ

---

autres. Ὦ Κρίτων O Criton, πρὸς θεῶν au nom des dieux, τοῦτο cela οὐ δοκεῖ σοι ne te paraît-il pas λέγεσθαι être dit καλῶς bien? γὰρ Car σὺ toi, ὅσαγε aussi grandes du moins que τἀνθρώπεια (pour τὰ ἀνθρώπεια) les [choses] humaines [sont] (autant qu'on peut juger des choses humaines), εἶ tu es ἐκτὸς τοῦ μέλλειν en dehors du devoir (tu ne dois pas) ἀποθνήσκειν mourir αὔριον demain, καὶ et ἡ ξυμφορὰ le malheur παροῦσα présent οὐκ ἂν παρακρούοι ne renversera pas σε toi. Δὴ Donc σκόπει examine : οὐ δοκεῖ [cela] ne paraît-il pas σοι à toi λέγεσθαι être dit ἱκανῶς comme il faut, ὅτι [savoir] que οὐ χρὴ il ne faut pas τιμᾶν honorer πάσας τὰς δόξας toutes les opinions τῶν ἀνθρώπων des hommes, ἀλλὰ mais μὲν d'un côté τὰς [honorer] les unes, δὲ d'un autre côté οὒ ne pas [honorer] τὰς les autres? οὐδὲ ni πάντων [honorer les opinions] de tous, ἀλλὰ mais μὲν d'un côté τῶν [honorer les opinions] des uns, δὲ d'un autre côté οὒ ne pas τῶν [honorer les opinions] des autres? Τί φής Qu' [en] dis-tu? ταῦτα ces [choses] οὐχὶ λέγεται ne sont-elles pas dites καλῶς bien? — Criton. Καλῶς Bien. — Socrate. Οὐκοῦν Donc μὲν d'un côté τιμᾶν [il faut] honorer τὰς les [opinions] χρηστὰς bonnes (honnêtes), δὲ d'un autre côté μὴ ne pas [honorer] τὰς πονηρὰς les [opinions] mauvaises? — Criton. Ναί Oui. — Socrate. Δὲ Or χρησταὶ les [opinions] bonnes οὐχ ne [sont-elles pas] αἱ les [opinions] τῶν φρονίμων des

δὲ, οὐχ αἱ τῶν φρονίμων, πονηραὶ δὲ αἱ τῶν ἀφρόνων; — *Criton.* Πῶς δ' οὔ;

VII. *Socrate.* Φέρε δὴ, πῶς αὖ τὰ τοιαῦτα ἐλέγετο; Γυμναζόμενος ἀνὴρ, καὶ τοῦτο πράττων, πότερον παντὸς ἀνδρὸς ἐπαίνῳ, καὶ ψόγῳ, καὶ δόξῃ, τὸν νοῦν προσέχει, ἢ ἑνὸς μόνου ἐκείνου, ὃς ἂν τυγχάνῃ ἰατρὸς, ἢ παιδοτρίβης ὤν; — *Criton.* Ἑνὸς μόνου. — *Socrate.* Οὔκουν φοβεῖσθαι χρὴ τοὺς ψόγους, καὶ ἀσπάζεσθαι τοὺς ἐπαίνους, τοὺς τοῦ ἑνὸς ἐκείνου, ἀλλὰ μὴ τοὺς τῶν πολλῶν; — *Criton.* Δηλαδή. — *Socrate.* Ταύτῃ ἄρα

[gens] sensés, δὲ et πονηραὶ les [opinions] mauvaises [ne sont-elles pas] αἱ les [opinions] τῶν ἀφρόνων des [gens] insensés? — CRITON. Δὲ Or πῶς comment οὔ [n'en serait-il] pas [ainsi]?

VII. SOCRATE. Φέρε Allons δὴ assurément, πῶς de quelle manière αὖ encore τὰ τοιαῦτα de telles [choses] ἐλέγετο étaient-elles dites? Πότερον Est-ce que ἀνὴρ un homme, γυμναζόμενος s'exerçant à la gymnastique, καὶ et πράττων faisant τοῦτο cela (s'y livrant), προσέχει applique τὸν νοῦν [son] esprit ἐπαίνῳ à [la] louange καὶ et ψόγῳ au blâme καὶ δόξῃ et à [l'] opinion παντὸς ἀνδρὸς de tout homme, ἢ ou ἑνὸς μόνου d'un seul ἐκείνου [savoir] de celui-là ὃς qui ἂν τυγχάνῃ se trouve ὤν[1] étant (être) ἰατρὸς médecin ἢ ou παιδοτρίβης professeur de gymnase? — CRITON. Ἑνὸς μόνου D'un seul. — SOCRATE. Οὔκουν χρὴ Ne faut-il donc pas φοβεῖσθαι redouter τοὺς ψόγους les reproches, καὶ et ἀσπάζεσθαι aimer τοὺς ἐπαίνους les éloges τοὺς ceux τοῦ ἑνὸς ἐκείνου de ce seul-là, ἀλλὰ mais μὴ non τοὺς les [reproches et les éloges] τῶν πολλῶν de la multitude? — CRITON. Δηλαδή Assurément. — SOCRATE. Ἆρα Est-ce que πρακτέον on doit agir

---

1. Médecin ou maître, suivant la cause pour laquelle on se livre à ces exercices, pour la santé ou pour acquérir de l'adresse et des forces.

αὐτῷ πρακτέον, καὶ γυμναστέον, καὶ ἐδεστέον γε, καὶ ποτέον, ᾗ ἂν τῷ ἑνὶ δοκῇ τῷ ἐπιστάτῃ, καὶ ἐπαΐοντι μᾶλλον, ἢ ᾗ σύμπασι τοῖς ἄλλοις. — *Criton.* Ἔστι ταῦτα. — *Socrate.* Εἶεν. Ἀπειθήσας δὲ τῷ ἑνί, καὶ ἀτιμάσας αὐτοῦ τὴν δόξαν, καὶ τοὺς ἐπαίνους, τιμήσας δὲ τοὺς τῶν πολλῶν, καὶ μηδὲν ἐπαϊόντων, ἆρα οὐδὲν κακὸν πείσεται; — *Criton.* Πῶς γὰρ οὔ; — *Socrate.* Τί δ' ἔστι τὸ κακὸν τοῦτο; καὶ ποῖ τείνει, καὶ εἰς τί τῶν τοῦ ἀπειθοῦντος; — *Criton.* Δηλονότι εἰς τὸ σῶμα· τοῦτο γὰρ διόλλυσι. — *Socrate.* Καλῶς λέγεις. Οὐκοῦν καὶ

καὶ et γυμναστέον on doit s'exercer καὶ et ἐδεστέον on doit prendre de la nourriture γε du moins, καὶ et ποτέον on doit boire, ταύτῃ de cette [façon] ᾗ de laquelle ἂν δοκῇ il semblera [bon] τῷ ἑνὶ à un seul [homme] τῷ ἐπιστάτῃ le maître, καὶ et ἐπαΐοντι à [celui] qui s'[y] entend μᾶλλον plutôt ἢ que ᾗ [de la manière] dont σύμπασι τοῖς ἄλλοις [il semblera bon] à tous les autres? — Criton. Ταῦτα Cela ἔστι est (il en est ainsi). — Socrate. Εἶεν Soit. Δὲ Or ἀπειθήσας ayant manqué de confiance τῷ ἑνὶ en un seul [homme], καὶ et ἀτιμάσας ayant dédaigné τὴν δόξαν l'opinion καὶ et τοὺς ἐπαίνους les éloges αὐτοῦ de lui, δὲ et τιμήσας ayant respecté τοὺς les [éloges] τῶν πολλῶν de la multitude, καὶ et ἐπαϊόντων [de la multitude ne] s'[y] entendant μηδὲν en rien, ἆρα est-ce que πείσεται il [ne] souffrira οὐδὲν κακόν aucun mal? — Criton. Γὰρ En effet πῶς comment οὔ n'[en souffrirait-il] pas? — Socrate. Δὲ Or τί quel ἔστι est τοῦτο τὸ κακὸν ce mal καὶ et ποῖ où τείνει tend-il, καὶ et εἰς τί τῶν contre laquelle des [parties] τοῦ ἀπειθοῦντος de celui qui n'a pas eu confiance [en l'homme expérimenté]? — Criton. Δηλονότι [Il est] évident que εἰς τὸ σῶμα [c'est] contre le corps, γὰρ car τοῦτο celui-ci διόλλυσι dépérit. — Socrate. Λέγεις Tu parles καλῶς bien. Οὐκοῦν Donc καὶ aussi

τἄλλα, ὦ Κρίτων, οὕτως, ἵνα μὴ πάντα διίωμεν· καὶ δὴ καὶ περὶ τῶν δικαίων καὶ ἀδίκων, καὶ αἰσχρῶν καὶ καλῶν, καὶ ἀγαθῶν καὶ κακῶν, περὶ ὧν νῦν ἡμῖν ἐστιν ἡ βουλή, πότερον τῇ τῶν πολλῶν δόξῃ δεῖ ἡμᾶς ἕπεσθαι, καὶ φοβεῖσθαι αὐτήν, ἢ τῇ τοῦ ἑνός, εἴ τίς ἐστιν ἐπαΐων, ὃν δεῖ καὶ αἰσχύνεσθαι, καὶ φοβεῖσθαι, μᾶλλον ἢ ξύμπαντας τοὺς ἄλλους; ᾧ εἰ μὴ ἀκολουθήσομεν, διαφθεροῦμεν ἐκεῖνο, καὶ λωβησόμεθα, ὃ τῷ μὲν δικαίῳ βέλτιον ἐγίγνετο, τῷ δὲ ἀδίκῳ ἀπώλλυτο; ἢ οὐδέν ἐστι τοῦτο; — *Criton.* Οἶμαι ἔγωγε, ὦ Σώκρατες.

τἄλλα (pour τὰ ἄλλα) le reste, ὦ Κρίτων ὁ Criton, οὕτως [est] ainsi, ἵνα afin que μὴ διίωμεν nous ne passions pas en revue πάντα toutes [choses]: καὶ et δὴ certes καὶ aussi περὶ τῶν δικαίων touchant les [choses] justes καὶ et ἀδίκων injustes, καὶ et αἰσχρῶν honteuses καὶ et καλῶν belles, καὶ et ἀγαθῶν bonnes, καὶ et κακῶν mauvaises, περὶ ὧν sur lesquelles ἡ βουλὴ la délibération ἐστι est νῦν maintenant ἡμῖν à nous, πότερον [savoir] si δεῖ il faut ἡμᾶς nous ἕπεσθαι nous attacher τῇ δόξῃ à l'opinion τῶν πολλῶν de la multitude καὶ et φοβεῖσθαι appréhender αὐτὴν elle, ἢ ou τῇ [nous attacher] à l'[opinion] τοῦ ἑνὸς d'un seul [homme], εἰ si τις quelqu'un ἐστιν est ἐπαΐων s'[y] entendant, ὃν [d'un seul] que δεῖ il faut καὶ et αἰσχύνεσθαι respecter καὶ et φοβεῖσθαι redouter μᾶλλον plus ἢ que τοὺς ἄλλους les autres ξύμπαντας tous [ensemble]? Εἰ μὴ ἀκολουθήσομεν Si nous ne suivons pas (à moins que nous ne suivions) ᾧ lequel (cet homme), διαφθεροῦμεν périrons-nous καὶ et λωβησόμεθα endommagerons-nous ἐκεῖνο cette [chose-là] ὃ qui ἐγίγνετο devenait μὲν d'un côté βέλτιον meilleure τῷ δικαίῳ [par] le juste, δὲ d'un autre côté ἀπώλλυτο dépérissait τῷ ἀδίκῳ [par] l'injuste; ἢ ou τοῦτο cela ἐστιν est-il οὐδέν rien? — Criton. Ἔγωγε Pour moi, οἶμαι je pense [comme toi], ὦ Σώκρατες ὁ Socrate.

VIII. *Socrate.* Φέρε δὴ, ἐὰν τὸ ὑπὸ τοῦ ὑγιεινοῦ μὲν βέλτιον γιγνόμενον, ὑπὸ τοῦ νοσώδους δὲ διαφθειρόμενον, διολέσωμεν, πειθόμενοι μὴ τῇ τῶν ἐπαϊόντων δόξῃ, ἆρα βιωτὸν ἡμῖν ἐστι διεφθαρμένου αὐτοῦ; ἔστι δέ που τοῦτο τὸ σῶμα, ἢ οὐχί; — *Criton.* Ναί. — *Socrate.* Ἆρ' οὖν βιωτὸν ἡμῖν ἐστι μετὰ μοχθηροῦ καὶ διεφθαρμένου σώματος; — *Criton.* Οὐδαμῶς. — *Socrate.* Ἀλλὰ μετ' ἐκείνου ἆρά ἐστιν ἡμῖν βιωτὸν διεφθαρμένου, ὃ τὸ ἄδικον μὲν λωβᾶται, τὸ δὲ δίκαιον ὀνίνησιν; ἢ φαυλότερον ἡγούμεθα εἶναι τοῦ σώματος ἐκεῖνο, ὅτι πότ' ἐστι

VIII. Socrate. Φέρε δὴ Allons donc (eh bien!), ἐὰν si διολέσωμεν nous détruisons τὸ γιγνόμενον la [partie] devenant (ce qui devient) μὲν d'un côté βέλτιον meilleur ὑπὸ τοῦ ὑγιεινοῦ par l'[état] de santé, δὲ d'un autre côté διαφθειρόμενον (la partie) corrompue (ce qui est corrompu) ὑπὸ τοῦ νοσώδους par l'[état] de maladie, πειθόμενοι ayant confiance μὴ non τῇ δόξῃ [en] l'opinion τῶν ἐπαϊόντων de ceux qui s'[y] entendent, ἆρα est-ce que ἔστι [cet état] est βιωτὸν où l'on puisse supporter la vie (supportable) ἡμῖν pour nous αὐτοῦ lui (le corps) διεφθαρμένου ayant été corrompu? Δὲ D'un autre côté, τοῦτο cela ἔστι est-il που en quelque façon τὸ σῶμα le corps ἢ ou οὐχί [ne l'est-il pas]? — Criton. Ναί. Oui [c'est le corps]. — Socrate. Ἆρα Est-ce que οὖν donc ἔστι [cet état] est ἡμῖν pour nous βιωτὸν où l'on puisse supporter la vie (supportable), μετὰ σώματος avec [le] corps μοχθηροῦ souffrant καὶ et διεφθαρμένου corrompu? — Criton. Οὐδαμῶς Point du tout. — Socrate. Ἀλλὰ Mais ἆρα est-ce que ἔστιν [cet état] est ἡμῖν [pour] nous βιωτὸν où l'on puisse supporter la vie (supportable), μετ' ἐκείνου avec ceci (cette partie) διεφθαρμένου corrompu ὃ que τὸ ἄδικον l'injuste (l'injustice) μὲν d'un côté λωβᾶται endommage, δὲ d'un autre côté τὸ δίκαιον [que] le juste (la justice) ὀνίνησιν fortifie? ἢ ou ἡγούμεθα pensons-nous ἐκεῖνο cette [partie] ὅτι πότ' ἐστι quelle qu'elle

τῶν ἡμετέρων, περὶ ὃ ἥ τε ἀδικία καὶ ἡ δικαιοσύνη ἐστίν; — *Criton.* Οὐδαμῶς. — *Socrate.* Ἀλλὰ τιμιώτερον; — *Criton.* Πολύ γε. — *Socrate.* Οὐκ ἄρα, ὦ βέλτιστε, πάνυ ἡμῖν οὕτω φροντιστέον, ὅτι ἐροῦσιν οἱ πολλοὶ ἡμᾶς, ἀλλ' ὅ τι ὁ ἐπαΐων περὶ τῶν δικαίων καὶ ἀδίκων, ὁ εἷς, καὶ αὐτὴ ἡ ἀλήθεια. Ὥστε πρῶτον μὲν ταύτῃ οὐκ ὀρθῶς εἰσηγῇ, εἰσηγούμενος, τῆς τῶν πολλῶν δόξης δεῖν ἡμᾶς φροντίζειν περὶ τῶν δικαίων, καὶ καλῶν, καὶ ἀγαθῶν, καὶ τῶν ἐναντίων. Ἀλλὰ μὲν δὴ φαίη γ' ἄν τις· οἷοί τέ εἰσιν ἡμᾶς οἱ πολλοὶ ἀποκτιννύναι; — *Criton.*

---

est (soit), τῶν ἡμετέρων de nos [parties] περὶ ὃ autour de laquelle τε et ἡ ἀδικία l'injustice καὶ et ἡ δικαιοσύνη la justice ἐστιν reposent, εἶναι être (pensons-nous qu'elle soit) φαυλότερον plus méprisable τοῦ σώματος [que] le corps? — CRITON. Οὐδαμῶς Point du tout. — SOCRATE. Ἀλλὰ Mais (au contraire) τιμιώτερον plus précieuse? — CRITON. Πολὺ Beaucoup [plus] γε certes. — SOCRATE. Ἆρα Donc, ὦ βέλτιστε ὁ mon cher, οὐχ ἡμῖν φροντιστέον il ne faut pas nous soucier πάνυ tout à fait οὕτω ainsi ὅτι [de] ce que οἱ πολλοὶ la plupart ἐροῦσιν diront ἡμᾶς [à] nous, ἀλλὰ mais ὅ τι [de] ce que [dira] ὁ ἐπαΐων celui qui s'entend περὶ τῶν δικαίων aux [choses] justes καὶ et ἀδίκων injustes, ὁ εἷς le seul καὶ et ἡ ἀλήθεια la vérité αὐτή elle-même. Ὥστε Ainsi πρῶτον d'abord, μὲν d'un côté, οὐκ εἰσηγῇ tu ne conseilles [pas] ὀρθῶς bien ταύτῃ de cette [manière], εἰσηγούμενος conseillant δεῖν falloir (qu'il faut) ἡμᾶς nous φροντίζειν nous inquiéter (que nous nous inquiétions) τῆς δόξης de l'opinion τῶν πολλῶν de la multitude περὶ τῶν δικαίων sur les [choses] justes καὶ et καλῶν belles καὶ et ἀγαθῶν bonnes καὶ et τῶν ἐναντίων [sur] les [choses] contraires. Ἀλλὰ Mais μὲν d'un côté δὴ certes τις quelqu'un ἂν φαίη dira-t-il γε du moins : οἱ πολλοὶ la multitude εἰσιν [n']est-elle [pas] οἷοί τε capable ἀποκτιννύναι [de] faire

Δηλαδὴ καὶ ταῦτα φαίη γ' ἄν τις, ὦ Σώκρατες. — *Socrate.*
Ἀληθῆ λέγεις. Ἀλλ', ὦ θαυμάσιε, οὗτός γε ὁ λόγος, ὃν διεληλύθαμεν, ἔμοιγε δοκεῖ ὅμοιος εἶναι τῷ προτέρῳ· καὶ τόνδε δὲ
αὖ σκόπει, εἰ ἔτι μένει ἡμῖν, ἢ οὔ, ὅτι οὐ τὸ ζῆν περὶ πλείστου ποιητέον, ἀλλὰ τὸ εὖ ζῆν. — *Criton.* Ἀλλὰ μένει. —
Socrate. Τὸ δὲ εὖ, καὶ καλῶς, καὶ δικαίως, ὅτι ταὐτόν ἐστι,
μένει, ἢ οὐ μένει; — *Criton.* Μένει.

IX. *Socrate.* Οὐκοῦν ἐκ τῶν ὁμολογουμένων τοῦτο σκεπτέον,

---

périr ἡμᾶς nous? — Criton. Δηλαδὴ Assurément, ὦ Σώκρατες ὁ Socrate, τὶς quelqu'un γε du moins ἂν φαίη dira
καὶ aussi ταῦτα cela. — Socrate. Λέγεις Tu dis ἀληθῆ
[des choses] vraies. Ἀλλὰ Mais, ὦ θαυμάσιε ὁ admirable
(mon cher), οὗτος ὁ λόγος ce raisonnement-là γε du moins
ὃν que διεληλύθαμεν nous avons parcouru (développé)
ἔμοιγε δοκεῖ me paraît bien εἶναι être ὅμοιος semblable
τῷ προτέρῳ au premier : καὶ δὲ et aussi σκόπει examine αὖ encore τόνδε ce [raisonnement]-ci : εἰ si
μένει [cela] subsiste ἔτι encore ἡμῖν [pour] nous ἢ οὐ
ou non, ὅτι que οὐ ποιητέον on ne doit pas estimer
περὶ πλείστου le plus τὸ ζῆν le vivre, ἀλλὰ mais τὸ ζῆν
le vivre εὖ bien. — Criton. Ἀλλὰ Mais μένει [cela]
subsiste. — Socrate. Δὲ Or ὅτι [cela] que τὸ le [vivre]
εὖ bien καὶ et καλῶς honnêtement καὶ et δικαίως
justement ἐστι est ταὐτόν[1] la même [chose], μένει
[ce raisonnement] subsiste-t-il ἢ ou οὐ μένει ne subsiste-
t-il [pas]? — Criton. Μένει Il subsiste.

IX. Socrate. Οὐκοῦν Donc τοῦτο cela ἐκ τῶν ὁμολογουμένων d'entre les [choses] convenues (sur lesquelles nous
sommes tombés d'accord) σκεπτέον est devant être exa-

---

1. Ταὐτόν, neutre de αὐτός, précédé de l'article τό, avec lequel
il forme une crase.

πότερον δίκαιον ἐμὲ ἐνθένδε πειρᾶσθαι ἐξιέναι, μὴ ἀφιέντων Ἀθηναίων, ἢ οὐ δίκαιον· καὶ ἐὰν μὲν φαίνηται δίκαιον, πειρώμεθα· εἰ δὲ μή, ἐῶμεν. Ἃς δὲ σὺ λέγεις τὰς σκέψεις περί τε χρημάτων ἀναλώσεως, καὶ δόξης, καὶ παίδων τροφῆς, μὴ ὡς ἀληθῶς ταῦτα, ὦ Κρίτων, σκέμματα ᾖ τῶν ῥᾳδίως ἀποκτιννύντων, καὶ ἀναβιωσκομένων γ' ἂν, εἰ οἷοί τε ἦσαν, οὐδενὶ σὺν νῷ, τούτων τῶν πολλῶν· ἡμῖν δ', ἐπειδὴ ὁ λόγος οὕτως αἱρεῖ, μὴ οὐδὲν ἄλλο σκεπτέον ᾖ, ἢ ὅπερ νῦν δὴ ἐλέγομεν, πότερον

---

miné, πότερον [savoir] si δίκαιον [il est] juste ἐμὲ moi πειρᾶσθαι essayer (que j'essaye) ἐξιέναι [de] sortir ἐνθένδε d'ici, Ἀθηναίων [les] Athéniens μὴ ἀφιέντων ne [me] laissant pas aller, ἢ ou οὐ δίκαιον [s'il] n' [est] pas juste : καὶ et ἐὰν si μὲν d'un côté φαίνηται [cela] paraît δίκαιον juste, πειρώμεθα essayons [-le]; δὲ d'un autre côté, εἰ μὴ s' [il] ne [l'est] pas, ἐῶμεν négligeons [de le faire]. Δὲ Or τὰς σκέψεις [pour] les sujets d'examen ἃς que σὺ λέγεις tu allègues περὶ ἀναλώσεως sur [la] perte τε et χρημάτων des richesses καὶ et δόξης de [la] réputation καὶ et τροφῆς de [l'] éducation παίδων des enfants, ὡς comme ἀληθῶς [il est] vraiment (en réalité) ὦ Κρίτων, ὁ Criton, ταῦτα ces [choses] μὴ ᾖ ne doivent-elles pas être σκέμματα [les] considérations τούτων τῶν πολλῶν de cette multitude τῶν ἀποκτιννύντων celle qui fait périr ῥᾳδίως facilement, καὶ et γε certes ἀναβιωσκομένων ἂν [1] faisant revivre (qui ferait revivre), εἰ si ἦσαν elle était οἷοί τε capable, σὺν οὐδενὶ νῷ avec aucune (sans) intelligence? Δὲ Mais μὴ est-ce que οὐδὲν ἄλλο aucune autre [chose] ἢ σκεπτέον [n'] est devant être examinée ἡμῖν [par] nous, ἐπειδὴ puisque ὁ λόγος le raisonnement αἱρεῖ l'emporte οὕτως ainsi, ἢ que ὅπερ [ce] que νῦν tout à l'heure δὴ assurément ἐλέγομεν nous disions,

---

1. Peut-être est-ce une allusion aux regrets que les Athéniens témoignèrent de la mort de Socrate.

δίκαια πράξομεν, καὶ χρήματα τελοῦντες τούτοις τοῖς ἐμὲ ἐνθένδε ἐξάξουσι καὶ χάριτας, καὶ αὐτοὶ ἐξάγοντές τε, καὶ ἐξαγόμενοι, ἢ τῇ ἀληθείᾳ ἀδικήσομεν πάντα ταῦτα ποιοῦντες ; Κἂν φαινώμεθα ἄδικα αὐτὰ ἐργαζόμενοι, μὴ οὐ δέῃ ὑπολογίζεσθαι οὔτ' εἰ ἀποθνήσκειν δεῖ παραμένοντας, καὶ ἡσυχίαν ἄγοντας, οὔτε ἄλλο ὁτιοῦν πάσχειν, πρὸ τοῦ ἀδικεῖν. — *Criton.* Καλῶς μέν μοι δοκεῖς λέγειν, ὦ Σώκρατες · ὅρα δὲ τί δρῶμεν. — *Socrate.* Σκοπῶμεν, ὦ 'γαθὲ, κοινῇ · καὶ εἴ πη

πότερον [savoir] si πράξομεν nous ferons δίκαια des [choses] justes (si nous agissons justement), καὶ et τελοῦντες[1] payant χρήματα de l'argent καὶ et χάριτας de la reconnaissance τούτοις à ces [hommes] τοῖς ἐξάξουσιν ἐμὲ les devant [m'] emmener (qui m'emmèneront) ἐνθένδε hors d'ici, καὶ et αὐτοὶ eux τε aussi ἐξάγοντες [nous] emmenant, καὶ et ἐξαγόμενοι [nous] emmenés, ἢ ou ποιοῦντες [si] faisant πάντα ταῦτα toutes ces [choses], ἀδικήσομεν nous agirons injustement τῇ ἀληθείᾳ par la vérité (en réalité) ? Κἂν (pour καὶ ἂν) Et si φαινώμεθα nous paraissions ἐργαζόμενοι faisant (faire) αὐτὰ ces [choses] ἄδικα injustes, μὴ οὐ δέῃ il ne faudrait point ὑπολογίζεσθαι déduire des raisonnements, οὔτε ni εἰ si δεῖ il faut παραμένοντας demeurant [ici] καὶ et ἄγοντας faisant ἡσυχίαν [la] tranquillité (nous tenant en repos), ἀποθνήσκειν mourir, οὔτε ni πάσχειν [s'il faut souffrir ὁτιοῦν ἄλλο quelque autre [chose] πρὸ τοῦ ἀδικεῖν avant d'être injuste. — Criton. Μὲν D'un côté, μοι δοκεῖς tu me parais λέγειν parler καλῶς bien, ὦ Σώκρατες ὁ Socrate ; δὲ d'un autre côté ὅρα vois τί [ce] que δρῶμεν nous ferons. — Socrate. Σκοπῶμεν Examinons κοινῇ en commun, ὦ 'γαθὲ (pour ὦ ἀγαθὲ) ô mon cher ; καὶ et εἴ si

---

1. Χρήματα τελοῦντες... καὶ χάριτας. On trouve fréquemment, en grec et en latin, des exemples d'un verbe servant ainsi à deux ou à plusieurs compléments et dont le sens propre ne devrait se rapporter qu'à un seul.

ἔχεις ἀντιλέγειν, ἐμοῦ λέγοντος, ἀντίλεγε, καί σοι πείσομαι·
εἰ δὲ μή, παῦσαι ἤδη, ὦ μακάριε, πολλάκις μοι λέγων τὸν
αὐτὸν λόγον, ὡς χρὴ ἐνθένδε, ἀκόντων Ἀθηναίων, ἐμὲ ἀπιέναι·
ὡς ἐγὼ περὶ πολλοῦ ποιοῦμαι, πεῖσαί σε ταῦτα πράττειν, ἀλλὰ
μὴ ἄκοντος. Ὅρα δὲ δὴ τῆς σκέψεως τὴν ἀρχὴν, ἐάν σοι ἱκα
νῶς λέγηται, καὶ πειρῶ ἀποκρίνασθαι τὸ ἐρωτώμενον, ἦ ἂν
μάλιστα οἴη. — *Criton.* Ἀλλὰ πειράσομαι.

ἔχεις tu peux πῃ de quelque façon ἀντιλέγειν contredire, ἐμοῦ moi λέγοντος parlant, ἀντίλεγε contredis, καὶ et πείσομαι je serai persuadé σοι par toi[1]. Δὲ Mais εἰ μὴ sinon, παῦσαι[2] cesse ἤδη déjà, ὦ μακάριε ô heureux (ô mon cher), λέγων exprimant (d'exprimer) μοι à moi πολλάκις souvent τὸν αὐτὸν λόγον le même raisonnement, ὡς que χρὴ il faut ἐμὲ ἀπιέναι m'en aller ἐνθένδε d'ici, Ἀθηναίων [les] Athéniens ἀκόντων [n'y] consentant pas ; ὡς car ἐγὼ ποιοῦμαι j'estime περὶ πολλοῦ[3] beaucoup, σὲ τοι πεῖσαι [me] persuader πράττειν [de] faire ταῦτα ces [choses], ἀλλὰ mais μὴ non ἄκοντος [moi] ne voulant pas. Δὲ Or δὴ donc ὅρα vois τὴν ἀρχὴν le commencement τῆς σκέψεως de l'examen, ἐὰν si λέγηται il est dit ἱκανῶς convenablement σοι pour toi, καὶ et πειρῶ essaye ἀποκρίνασθαι [de] répondre τὸ ἐρωτώμενον [à] ce qui est demandé ἦ [de la manière] dont ἂν οἴη tu penseras μάλιστα [devoir répondre] le plus (le mieux que tu pourras). — Criton. Ἀλλὰ Du moins πειράσομαι je tenterai (j'essayerai de le faire)

---

1. Cette supposition faite par Socrate, qu'il pourra être persuadé par les arguments de Criton, est un peu ironique de la part d'un homme aussi convaincu que l'était Socrate.

2. Παῦσαι, άσθω, impér. aor. de παύομαι. On distingue ce temps de l'aor. optatif act., qui a la même terminaison, par l'accent : παύσαι.

3. Περὶ πολλοῦ ποιεῖσθαι : en latin, *magni facere*. On dit aussi quelquefois πολλοῦ ποιεῖσθαι, sans préposition.

X. *Socrate.* Οὐδενὶ τρόπῳ φαμὲν ἑκόντας ἀδικητέον εἶναι; ἤ τινι μὲν ἀδικητέον τρόπῳ, τινὶ δὲ οὔ; ἢ οὐδαμῶς τό γε ἀδικεῖν, οὔτε ἀγαθὸν, οὔτε καλὸν, ὡς πολλάκις ἡμῖν καὶ ἐν τῷ ἔμπροσθεν χρόνῳ ὡμολογήθη; ὅπερ καὶ ἄρτι ἐλέγετο· ἢ πᾶσαι ἡμῖν ἐκεῖναι αἱ πρόσθεν ὁμολογίαι ἐν ταῖσδε ταῖς ὀλίγαις ἡμέραις ἐκκεχυμέναι εἰσί, καὶ πάλαι, ὦ Κρίτων, ἆρα τηλικοίδε γέροντες ἄνδρες πρὸς ἀλλήλους σπουδῇ διαλεγόμενοι, ἐλάθομεν ἡμᾶς αὐτοὺς παίδων οὐδὲν διαφέροντες; ἢ παντὸς μᾶλλον οὕτως ἔχει,

---

X. Socrate. Φαμὲν Disions-nous εἶναι ἀδικητέον devoir être commis une injustice (qu'il ne faut commettre une injustice) ἑκόντας de bon gré οὐδενὶ τρόπῳ d'aucune manière, ἢ ou ἀδικητέον devoir être commis une injustice (qu'il faut commettre une injustice) μὲν d'un côté τινὶ τρόπῳ d'une manière, δὲ d'un autre côté οὐ non τινι d'une [autre]? ἤ γε ou [ne disions-nous] certes οὐδαμῶς en aucune manière τὸ ἀδικεῖν le être injuste οὔτε ἀγαθὸν [n'être] ni bon, οὔτε ni καλὸν honnête, ὡς comme πολλάκις souvent ὡμολογήθη il a été convenu ἡμῖν [pour] nous καὶ aussi ἐν τῷ χρόνῳ dans le temps ἔμπροσθεν [d'] auparavant, ὅπερ ce qui ἐλέγετο était dit καὶ encore ἄρτι récemment? ἢ ou πᾶσαι ἐκεῖναι αἱ ὁμολογίαι toutes ces conventions πρόσθεν [d'] auparavant, εἰσὶ ἐκκεχυμέναι ont-elles été répandues (anéanties) ἐν ταῖσδε ἡμέραις dans ces jours-ci ταῖς ὀλίγαις les [jours] peu nombreux? καὶ et, ὦ Κρίτων ô Criton, ἆρα est-ce que ἄνδρες [nous] hommes γέροντες vieillards τηλικοίδε [étant] d'un tel âge, διαλεγόμενοι discutant σπουδῇ [avec] empressement πάλαι autrefois πρὸς ἀλλήλους les uns avec les autres, ἐλάθομεν nous étions cachés ἡμᾶς αὐτοὺς à nous-mêmes[1] διαφέροντες [ne] différant οὐδὲν [en] rien παίδων des enfants? ἢ ou μᾶλλον παντὸς plutôt que tout (avant tout) ἔχει [cela] est (il

---

1. Ἐλάθομεν ἡμᾶς... οὐδὲν διαφέροντες, *inscii eramus ipsi, nos fugiebamus ipsos.... nullo modo dissimiles* : ne ressemblions-nous pas, sans nous en apercevoir, aux enfants? (Burn., § 388, 7.)

ὥσπερ τότε ἡμῖν ἐλέγετο, εἴτε φασὶν οἱ πολλοί, εἴτε μή; καὶ εἴτε δεῖ ἡμᾶς ἔτι τῶνδε χαλεπώτερα πάσχειν, εἴτε καὶ πραότερα, ὅμως τό γε ἀδικεῖν τῷ ἀδικοῦντι, καὶ κακόν, καὶ αἰσχρὸν τυγχάνει ὂν παντὶ τρόπῳ; φαμὲν, ἢ οὔ; — *Criton.* Φαμέν. — *Socrate.* Οὐδαμῶς ἄρα δεῖ ἀδικεῖν. — *Criton.* Οὐ δῆτα. — *Socrate.* Οὐδὲ ἀδικούμενον ἄρα ἀνταδικεῖν, ὡς οἱ πολλοὶ οἴονται· ἐπειδή γε οὐδαμῶς δεῖ ἀδικεῖν. — *Criton.* Οὐ φαίνεται. — *Socrate.* Τί δαὶ δή; κακουργεῖν δεῖ, ὦ Κρίτων, ἢ οὔ; — *Criton.* Οὐ δεῖ δήπου, ὦ Σώκρατες. — *Socrate.* Τί δαί;

---

en est) οὕτως ainsi, ὥσπερ comme τότε alors ἐλέγετο il était dit ἡμῖν [par] nous, εἴτε soit que οἱ πολλοί la multitude φασὶν dise [affirmativement], εἴτε μή soit qu' [elle ne le dise pas]? καὶ et εἴτε soit que δεῖ il faille ἡμᾶς nous πάσχειν souffrir χαλεπώτερα [des choses] plus pénibles ἔτι encore τῶνδε que ces [choses]-ci, εἴτε soit qu' [il faille souffrir les choses] καὶ même πραότερα plus douces, ὅμως cependant γε du moins τὸ ἀδικεῖν le être injuste τυγχάνει ὂν se trouve-t-il étant (se trouve-t-il être) καὶ et κακόν mauvais καὶ et αἰσχρὸν honteux παντὶ τρόπῳ de toute façon τῷ ἀδικοῦντι [pour] celui qui fait une injustice? φαμὲν disions-nous [cela], ἢ ou οὔ ne [le disions-nous pas]? — Criton. Φαμέν Nous [le] disions. — Socrate. Ἆρα Certes οὐδαμῶς δεῖ il ne faut pas du tout ἀδικεῖν être injuste. — Criton. Οὐ δῆτα Non certes. — Socrate. Οὐδὲ [Il ne faut] pas non plus ἄρα donc ἀδικούμενον [celui] qui a éprouvé une injustice ἀνταδικεῖν être injuste à [son] tour, ὡς comme οἱ πολλοί la plupart οἴονται [le] pensent; ἐπειδή puisque γε du moins οὐδαμῶς δεῖ il ne faut pas du tout ἀδικεῖν être injuste. — Criton. Οὐ φαίνεται Il ne paraît pas [qu'il le faille]. — Socrate. Τί [Pour-]quoi δαὶ donc δή enfin? δεῖ faut-il, ὦ Κρίτων ô Criton, κακουργεῖν faire du mal, ἢ οὔ ou ne pas [en faire]? — Criton. Οὐ δεῖ Il ne faut pas [en faire] δήπου certes, ὦ Σώκρατες ô Socrate. — Socrate. Τί δαί Quoi donc!

ἀντικακουργεῖν κακῶς πάσχοντα, ὡς οἱ πολλοί φασι, δίκαιον, ἢ οὐ δίκαιον; — *Criton.* Οὐδαμῶς. — *Socrate.* Τὸ γάρ που κακῶς ποιεῖν ἀνθρώπους τοῦ ἀδικεῖν οὐδὲν διαφέρει. — *Criton.* Ἀληθῆ λέγεις. — *Socrate.* Οὔτε, ἄρα ἀνταδικεῖν δεῖ οὔτε κακῶς ποιεῖν οὐδένα ἀνθρώπων, οὐδ' ἂν ὁτιοῦν πάσχῃ ὑπ' αὐτῶν. Καὶ ὅρα, ὦ Κρίτων, ταῦτα ὁμολογῶν, ὅπως μὴ παρὰ δόξαν ὁμολογῇς· οἶδα γὰρ ὅτι ὀλίγοις τισὶ ταῦτα καὶ δοκεῖ, καὶ δόξει. Οἷς δ' οὕτω δέδοκται, καὶ οἷς μή, τούτοις οὐκ ἔστι κοινὴ βουλή, ἀλλ' ἀνάγκη, τούτους ἀλλήλων καταφρονεῖν, ὁρῶντας ἀλλήλων

κακῶς πάσχοντα [celui] qui a éprouvé du mal ἀντικακουργεῖν faire du mal à son tour, ὡς comme οἱ πολλοί la multitude φασι [le] dit, δίκαιον [est-ce] juste ἢ ou οὐ δίκαιον non juste? — Criton. Οὐδαμῶς Point du tout. — Socrate. Γὰρ En effet, τὸ κακῶς ποιεῖν le faire du mal ἀνθρώπους [aux] hommes διαφέρει [ne] diffère που en quelque sorte οὐδὲν [en] rien τοῦ ἀδικεῖν du être injuste. — Criton. Λέγεις Tu dis ἀληθῆ [des choses] vraies. — Socrate. Οὔτε δεῖ Il ne faut [pas] non plus ἄρα donc ἀνταδικεῖν rendre injustice pour injustice, οὔτε ni κακῶς ποιεῖν faire du mal οὐδένα ἀνθρώπων [à] aucun des hommes, οὐδὲ ni ἂν si πάσχῃ [quelqu'un (on)] souffre ὁτιοῦν quoi que ce soit ὑπ' αὐτῶν de leur part (pas même s'ils nous font éprouver quelque tort). Καὶ Et ὅρα vois (prends garde), ὦ Κρίτων ô Criton, ὁμολογῶν en tombant d'accord [avec moi] ταῦτα [sur] ces choses, ὅπως afin que μὴ ὁμολογῇς tu ne tombes d'accord παρὰ δόξαν contre [ton] opinion : γὰρ car οἶδα je sais ὅτι que ταῦτα cela δοκεῖ paraît καὶ et δόξει paraîtra [ainsi] τισὶν à quelques-uns ὀλίγοις en petit nombre. Δὲ Or βουλὴ [le] sentiment οὐκ ἔστι n'est pas κοινὴ commun τούτοις à ceux οἷς auxquels δέδοκται il a semblé être οὕτω ainsi, καὶ et οἷς [à ceux] auxquels μὴ [il] ne [l'a] pas [semblé], ἀλλὰ mais ἀνάγκη nécessité [est] τούτους [à] ceux-ci καταφρονεῖν [de se] mépriser ἀλλήλων les uns les autres, ὁρῶντας voyant τὰ βουλεύματα les résolutions

τὰ βουλεύματα. Σκόπει οὖν δὴ καὶ σὺ εὖ μάλα, πότερον κοινωνεῖς, καὶ ξυνδοκεῖ σοι, καὶ ἀρχώμεθα ἐντεῦθεν βουλευόμενοι, ὡς οὐδέποτε ὀρθῶς ἔχοντος, οὔτε τοῦ ἀδικεῖν, οὔτε τοῦ ἀνταδικεῖν, οὔτε τοῦ κακῶς πάσχοντα ἀμύνεσθαι ἀντιδρῶντα κακῶς· ἢ ἀφίστασαι, καὶ οὐ κοινωνεῖς τῆς ἀρχῆς. Ἐμοὶ μὲν γὰρ, καὶ πάλαι οὕτω νῦν ἔτι, δοκεῖ· σοὶ δὲ, εἴ πῃ ἄλλῃ δέδοκται, λέγε καὶ δίδασκε. Εἰ δὲ ἐμμένεις τοῖς πρόσθεν, τὸ μετὰ τοῦτο ἄκουε. — *Criton.* Ἀλλ' ἐμμένω τε, καὶ συνδοκεῖ μοι· ἀλλὰ λέγε. — *Socrate.* Λέγω δὴ αὖ τὸ μετὰ τοῦτο, μᾶλλον δὲ ἐρωτῶ,

---

ἀλλήλων les uns des autres. Οὖν Donc σκόπει regarde σὺ toi καὶ aussi δὴ assurément εὖ μάλα fort bien, πότερον si κοινωνεῖς tu as une opinion commune, καὶ et ξυνδοκεῖ [s'] il semble comme [à moi] σοι à toi, καὶ et ἀρχώμεθα commençons ἐντεῦθεν d'ici βουλευόμενοι décidant, ὡς que οὔτε ni τοῦ ἀδικεῖν le commettre une injustice, οὔτε ni τοῦ ἀνταδικεῖν le répondre à une injustice par une autre, οὐδέποτε ἔχοντος n'étant jamais ὀρθῶς bien οὔτε ni τοῦ le [fait de] πάσχοντα κακῶς [celui] qui éprouve [le] mal ἀμύνεσθαι se venger ἀντιδρῶντα agissant à son tour κακῶς avec méchanceté; ἢ ou ἀφίστασαι tu te sépares [de moi], καὶ et οὐ κοινωνεῖς tu ne participes pas τῆς ἀρχῆς au principe. Γὰρ Car μὲν d'un côté ἐμοὶ δοκεῖ il me semble οὕτω ainsi, καὶ et πάλαι depuis longtemps, καὶ et νῦν maintenant ἔτι encore; δὲ d'un autre côté, εἰ si δέδοκται il a semblé πῃ ἄλλῃ de quelque autre [façon] σοι à toi, λέγε parle, καὶ et δίδασκε enseigne [-le]. Δὲ Mais εἰ si ἐμμένεις tu persistes dans τοῖς πρόσθεν l' [opinion] [d'] avant, ἄκουε écoute τὸ μετὰ τοῦτο le après cela (ce qui en est la conséquence). — Criton. Ἀλλὰ Mais τε et ἐμμένω je persiste, καὶ et συνδοκεῖ il semble également μοι à moi : ἀλλὰ mais λέγε parle. — Socrate. Λέγω Je dis δὴ assurément αὖ encore τὸ μετὰ τοῦτο le après cela (ce qui en est la conséquence), δὲ mais μᾶλλον plutôt ἐρωτῶ j'inter-

πότερον, ἃ ἄν τις ὁμολογήσῃ τῳ δίκαια ὄντα, ποιητέον, ἢ ἐξαπατητέον; — *Criton.* Ποιητέον.

XI. *Socrate.* Ἐκ τούτων δὴ ἄθρει· ἀπιόντες ἐνθένδε ἡμεῖς, μὴ πείσαντες τὴν πόλιν, πότερον κακῶς τινας ποιοῦμεν, καὶ ταῦτα, οὓς ἥκιστα δεῖ, ἢ οὔ; καὶ ἐμμένομεν, οἷς ὡμολογήσαμεν, δικαίοις οὖσιν, ἢ οὔ; — *Criton.* Οὐκ ἔχω, ὦ Σώκρατες, ἀποκρίνασθαι πρὸς ὃ ἐρωτᾷς· οὐ γὰρ ἐννοῶ. — *Socrate.* Ἀλλ' ὧδε σκόπει· εἰ μέλλουσιν ἡμῖν ἐνθένδε, εἴτε ἀποδιδράσκειν, εἴθ' ὅπως δεῖ ὀνομάσαι τοῦτο, ἐλθόντες οἱ νόμοι, καὶ τὸ κοινὸν

---

roge, πότερον si ποιητέον on doit faire ἢ ou ἐξαπατητέον [si] on doit tromper ἃ [dans les choses] que ὄντα étant δίκαια justes τις ἂν ὁμολογήσῃ on aura promis τῳ à quelqu'un? — Criton. Ποιητέον On doit [les] faire.

XI. Socrate. Ἄθρει Examine δὴ donc ἐκ τούτων d'après ces [choses], πότερον si ἡμεῖς nous ἀπιόντες étant partis ἐνθένδε d'ici, μὴ πείσαντες n'ayant pas persuadé τὴν πόλιν la cité, ποιοῦμεν κακῶς nous faisons [du] mal τινας [à] quelques-uns, καὶ et ταῦτα cela οὓς [à] ceux à qui δεῖ il faut ἥκιστα le moins [faire du mal], ἢ ou οὔ [si nous ne le faisons] pas? καὶ et ἐμμένομεν nous en tenons-nous οἷς [aux choses sur] lesquelles ὡμολογήσαμεν nous sommes tombés d'accord οὖσιν [ces choses] étant δικαίοις justes, ἢ ou οὔ [ne nous en tenons-nous] pas [à elles]? — Criton. Οὐκ ἔχω Je ne puis, ὦ Σώκρατες ὁ Socrate, ἀποκρίνασθαι répondre πρὸς ὃ à [ce] que ἐρωτᾷς tu demandes; γὰρ car οὐκ ἐννοῶ je ne comprends pas. — Socrate. Ἀλλὰ Mais σκόπει examine ὧδε ainsi : εἰ si ἡμῖν à nous μέλλουσιν étant sur le point εἴτε soit ἀποδιδράσκειν [de] nous enfuir[1] ἐνθένδε d'ici, εἴτε soit ὅπως [de quelque façon] que δεῖ il faut ὀνομάσαι avoir nommé τοῦτο cela, οἱ νόμοι les lois καὶ et τὸ κοινὸν la [masse] commune

---

1. Ce mot ἀποδιδράσκειν se prend en mauvaise part; il se dit des esclaves, comme en français le mot *échappé de*....

τῆς πόλεως, ἐπιστάντες ἔροιντο· Εἰπέ μοι, ὦ Σώκρατες, τί ἐν νῷ ἔχεις ποιεῖν; ἄλλο τι ἢ τούτῳ τῷ ἔργῳ, ᾧ ἐπιχειρεῖς, διανοεῖ τούς τε νόμους ἡμᾶς ἀπολέσαι, καὶ ξύμπασαν τὴν πόλιν, τὸ σὸν μέρος; ἢ δοκεῖ σοι οἷόν τε ἔτι ἐκείνην τὴν πόλιν εἶναι, καὶ μὴ ἀνατετράφθαι, ἐν ᾗ ἂν αἱ γενόμεναι δίκαι μηδὲν ἰσχύωσιν, ἀλλ' ὑπὸ ἰδιωτῶν, ἄκυροί τε γίγνωνται, καὶ διαφθείρωνται; Τί ἐροῦμεν, ὦ Κρίτων, πρὸς ταῦτα, καὶ ἄλλα τοιαῦτα; Πολλὰ γὰρ ἄν τις ἔχοι, ἄλλως τε καὶ ῥήτωρ, εἰπεῖν

τῆς πόλεως[1] de la ville (la république), ἐλθόντες étant venues, ἐπιστάντες s'étant tenues auprès, ἔροιντο demandaient : Εἰπέ μοι, Dis-moi, ὦ Σώκρατες ô Socrate, τί ἔχεις qu'as-tu ἐν νῷ en esprit (intention de) ποιεῖν faire? διανοεῖ penses-tu τι ἄλλο [à] quelque autre [chose] τούτῳ τῷ ἔργῳ [par] cette action ᾧ à laquelle ἐπιχειρεῖς tu t'appliques, ἢ ἀπολέσαι qu' [à] ruiner τε et ἡμᾶς nous τοὺς νόμους les lois καὶ et ξύμπασαν τὴν πόλιν toute la ville, τὸ σὸν μέρος [selon] la tienne part (autant qu'il dépend de toi)? ἢ ou δοκεῖ paraît-il σοι à toi οἷόν τε possible ἐκείνην τὴν πόλιν cette ville εἶναι être ἔτι encore (que cette ville subsiste encore), καὶ et μὴ ἀνατετράφθαι ne pas avoir été renversée (n'ait pas encore été renversée), ἐν ᾗ dans laquelle αἱ δίκαι les jugements γενόμεναι rendus ἂν ἰσχύωσιν [n'] auront force μηδὲν [en] rien (n'auront aucune force), ἀλλὰ mais γίγνωνται deviendront τε et ἄκυροι sans puissance ὑπ' ἰδιωτῶν par des particuliers καὶ et διαφθείρωνται seront détruites? Τί ἐροῦμεν Que dirons-nous, ὦ Κρίτων ô Criton, πρὸς ταῦτα à ces [observations], καὶ et ἄλλα τοιαῦτα [à] d'autres de la sorte? Γὰρ Car τις quelqu'un, ἄλλως τε καὶ autrement même (et principalement) ῥήτωρ un orateur ἂν ἔχοι pourrait εἰπεῖν dire πολλὰ de nombreuses [choses] ὑπὲρ

---

1. Τὸ κοινὸν τῆς πόλεως, *commune civitatis*, en latin, pour *omnis civitas*. Cicéron a dit dans ses Verrines : *commune Siciliae*. —Cicéron, dans sa première Catilinaire, ch. 7, fait aussi prendre, comme Platon, la parole à la république, par une semblable prosopopée.

ὑπὲρ τούτου τοῦ νόμου ἀπολλυμένου, ὃς τὰς δίκας τὰς δικασθείσας προςτάττει κυρίας εἶναι · ἢ ἐροῦμεν πρὸς αὐτούς, ὅτι ἠδίκει γὰρ ἡμᾶς ἡ πόλις, καὶ οὐκ ὀρθῶς τὴν δίκην ἔκρινε; ταῦτα, ἢ τί ἐροῦμεν; — *Criton.* Ταῦτα, νὴ Δία, ὦ Σώκρατες.

XII. *Socrate.* Τί οὖν; ἂν εἴπωσιν οἱ νόμοι· Ὦ Σώκρατες, ἢ καὶ ταῦτα ὡμολόγητο ἡμῖν τε καί σοι, ἢ ἐμμένειν ταῖς δίκαις, αἷς ἂν ἡ πόλις δικάζῃ; Εἰ οὖν αὐτῶν θαυμάζοιμεν λεγόντων, ἴσως ἂν εἴποιεν · Ὅτι, ὦ Σώκρατες, μὴ θαύμαζε τὰ λεγόμενα, ἀλλ᾽ ἀποκρίνου · ἐπειδὴ καὶ εἴωθας χρῆσθαι τῷ ἐρωτᾷν τε, καὶ

τούτου τοῦ νόμου sur cette loi ἀπολλυμένου détruite ὃς qui προςτάττει prescrit τὰς δίκας les jugements τὰς δικασθείσας ceux ayant été rendus εἶναι être κυρίας souverains (qui veut que les jugements rendus soient inviolables); ἢ autrement ἐροῦμεν dirons-nous πρὸς αὐτοὺς à elles (leur dirons-nous), ὅτι que γὰρ en effet ἡ πόλις la ville ἡμᾶς ἠδίκει nous a traités injustement καὶ et οὐκ ἔκρινε n'a pas jugé ὀρθῶς sagement τὴν δίκην le procès? ταῦτα [dirons-nous] ces [choses], ἢ ou τί ἐροῦμεν quelle [autre chose] dirons-nous? — Criton. Ταῦτα [Nous dirons] ces [choses], νὴ Δία par Jupiter, ὦ Σώκρατες ô Socrate.

XII. Socrate. Τί οὖν Quoi donc? ἂν εἴπωσιν diront οἱ νόμοι les lois, ὦ Σώκρατες ô Socrate, ἢ est-ce que καὶ aussi ταῦτα ces [choses] ὡμολόγητο [n'] ont [pas] été convenues ἡμῖν τε [entre] nous καὶ et σοι toi, ἢ ou bien (à savoir) ἐμμένειν nous en tenir ταῖς δίκαις aux jugements αἷς par lesquels ἡ πόλις la ville ἂν δικάζῃ jugera? Οὖν Donc εἰ θαυμάζοιμεν si nous nous étonnions αὐτῶν elles λεγόντων parlant (de les entendre parler ainsi), ἴσως peut-être ἂν εἴποιεν elles diraient : Ὅτι [savoir] que, ὦ Σώκρατες ô Socrate, μὴ θαύμαζε ne t'étonne pas τὰ λεγόμενα des [choses] dites (de ce qu'on dit), ἀλλὰ mais ἀποκρίνου réponds, ἐπειδὴ puisque εἴωθας tu as coutume καὶ aussi χρῆσθαι [de] te servir τε et τῷ ἐρωτᾷν

ἀποκρίνεσθαι. Φέρε γάρ, τί ἐγκαλῶν ἡμῖν καὶ τῇ πόλει, ἐπιχειρεῖς ἡμᾶς ἀπολλύναι; Οὐ πρῶτον μέν σε ἐγεννήσαμεν ἡμεῖς; καὶ δι' ἡμῶν ἔλαβε τὴν μητέρα σου ὁ πατήρ, καὶ ἐφύτευσέ σε; Φράσον οὖν, τούτοις ἡμῶν τοῖς νόμοις τοῖς περὶ τοὺς γάμους μέμφῃ τι, ὡς οὐ καλῶς ἔχουσιν; Οὐ μέμφομαι, φαίην ἄν. Ἀλλὰ τοῖς περὶ τὴν τοῦ γενομένου τροφήν τε καὶ παιδείαν ἐν ᾗ καὶ σὺ ἐπαιδεύθης; ἢ οὐ καλῶς προςέταττον ἡμῶν οἱ ἐπὶ τούτῳ τεταγμένοι νόμοι, παραγγέλλοντες τῷ πατρὶ τῷ σῷ σε ἐν μουσικῇ καὶ γυμναστικῇ παιδεύειν; Καλῶς, φαίην ἄν. Εἶεν· ἐπειδὴ

[du] interroger καὶ et ἀποκρίνεσθαι [du] répondre. Φέρε γάρ allons! τί quelle [chose] ἐγκαλῶν reprochant ἡμῖν à nous καὶ et τῇ πόλει à la république, ἐπιχειρεῖς entreprends-tu ἀπολλύναι [de] détruire ἡμᾶς nous? Μὲν A la vérité πρῶτον d'abord ἡμεῖς nous οὐκ ἐγεννήσαμεν n'avons-nous pas enfanté σε toi, καὶ et ὁ πατὴρ le père σου de toi (ton père) ἔλαβε [n'] a-t-il [pas] reçu δι' ἡμῶν par nous τὴν μητέρα la mère [de toi] (ta mère), καὶ et σε ἐφύτευσε [ne] t'a-t-il [pas] engendré [par nous]? Φράσον Parle οὖν donc, μέμφῃ reproches-tu τι quelque [chose] τούτοις à celles-ci ἡμῶν de nous τοῖς νόμοις aux lois τοῖς περὶ τοὺς γάμους celles sur les mariages, ὡς [à savoir] que οὐκ ἔχουσι elles ne sont pas καλῶς bien? Οὐ μέμφομαι Je ne blâme pas [elles], ἂν φαίην dirai-je. Ἀλλὰ Mais, τοῖς περὶ τὴν τροφὴν [reproches-tu quelque chose] à celles qui concernent la nourriture καὶ et τε aussi παιδείαν [l']éducation τοῦ γενομένου de l'[enfant] né ἐν ᾗ dans laquelle [éducation] σὺ toi καὶ aussi ἐπαιδεύθης tu as été élevé? ἢ ou bien οἱ νόμοι les lois ἡμῶν de nous ('nos lois) τεταγμένοι établies ἐπὶ τούτῳ sur cela οὐ προςέταττον n'ont-elles pas prescrit καλῶς bien, παραγγέλλοντες enjoignant τῷ πατρὶ au père τῷ σῷ le tien (à ton père) σε παιδεύειν [de] t'instruire ἐν μουσικῇ[1] dans la musique καὶ et γυμναστικῇ la gymnastique? Καλῶς [Elles ont

---

1. Par le mot de μουσική les Grecs entendaient toutes les connaissances de l'esprit, et par γυμναστική les exercices du corps.

δὲ ἐγένου τε, καὶ ἐξετράφης, καὶ ἐπαιδεύθης, ἔχοις ἂν εἰπεῖν πρῶτον μὲν, ὡς οὐχὶ ἡμέτερος ἦσθα, καὶ ἔκγονος, καὶ δοῦλος· αὐτός τε, καὶ οἱ σοὶ πρόγονοι; Καὶ εἰ τοῦτο οὕτως ἔχει, ἆρ' ἐξίσου οἴει εἶναί σοι δίκαιον, καὶ ἡμῖν, καὶ ἅττ' ἂν ἡμεῖς σε ἐπιχειρῶμεν ποιεῖν, ταῦτα καὶ σὺ ἀντιποιεῖν οἴει δίκαιον εἶναι; ἢ πρὸς μὲν ἄρα σοι τὸν πατέρα οὐκ ἐξίσου ἦν τὸ δίκαιον, καὶ πρὸς δεσπότην, εἴ σοι ὢν ἐτύγχανεν, ὥστε ἅπερ

---

prescrit] bien, φαίην ἂν dirai-je. Εἶεν[1] Soit! δὲ mais ἐπειδὴ puisque τε et ἐγένου tu es né, καὶ et ἐξετράφης[1] tu as été nourri, καὶ et ἐπαιδεύθης tu as été élevé [ainsi], ἔχοις ἂν pourrais-tu εἰπεῖν dire πρῶτον d'abord μὲν à la vérité, ὡς que οὐχὶ ἦσθα tu n'étais [pas] καὶ et ἡμέτερος ἔκγονος notre enfant καὶ et δοῦλος [notre] esclave.[2] τε et αὐτὸς [toi-] même, καὶ et οἱ σοὶ πρόγονοι les tiens (tes) ancêtres? Καὶ Et εἰ si τοῦτο cela ἔχει est οὕτως ainsi (s'il en est ainsi), ἆρα est-ce que οἴει tu penses ἐξίσου pareillement εἶναι être δίκαιον juste (que ce soit juste) σοὶ [pour] toi καὶ et ἡμῖν [pour] nous; καὶ et σὺ toi οἴει penses-tu εἶναι être δίκαιον juste (qu'il soit juste) ἀντιποιεῖν [de] faire à ton tour καὶ aussi ταῦτα ces [choses] ἅττα que ἡμεῖς nous ἂν ἐπιχειρῶμεν nous entreprendrons ποιεῖν [de] faire σε [contre] toi? ἢ ou μὲν d'un côté ἄρα donc οὐ δίκαιον [il] ne [serait] pas juste ἐξίσου pareillement ἀντιποιεῖν [de] faire à [ton] tour καὶ aussi ταῦτα ces [choses] ὥστε de même que ἅπερ [celles] que πάσχοις tu souffrirais πρὸς τὸν πατέρα à l'égard du père (de ton père) καὶ et πρὸς δεσπότην à l'égard du (de ton) maître εἰ si ἐτύγχανεν [un maître] se

1. Εἶεν pour εἴησαν, opt. d' εἰμί, soit, d'accord.
2. Ἐξετράφης, aor. pass. d'ἐκτρέφω.
3. Ce mot n'a rien d'extraordinaire, même dans une république : Platon a dit ailleurs, en parlant de la loi chez les Spartiates, ἔπεστι γάρ σφι δεσπότης νόμος, au-dessus d'eux est la loi, maîtresse souveraine (de Leg. VI).

πάσχοις, ταῦτα καὶ ἀντιποιεῖν· οὔτε κακῶς ἀκούοντα ἀντιλέγειν, οὔτε τυπτόμενον ἀντιτύπτειν, οὔτε ἄλλα τοιαῦτα πολλά; Πρὸς δὲ τὴν πατρίδα ἄρα, καὶ τοὺς νόμους, ἐξέσται σοι, ὥςτε, ἐάν σε ἐπιχειρῶμεν ἡμεῖς ἀπολλύναι, δίκαιον ἡγούμενοι εἶναι, καὶ σὺ δὴ ἡμᾶς τοὺς νόμους καὶ τὴν πατρίδα, καθ' ὅσον δύνασαι, ἐπιχειρήσεις ἀνταπολλύναι, καὶ φήσεις, ταῦτα ποιῶν, δίκαια πράττειν, ὁ τῇ ἀληθείᾳ τῆς ἀρετῆς ἐπιμελούμενος; Ἢ οὕτως εἶ σοφὸς, ὥςτε λέληθέ σε, ὅτι

---

trouvait ὢν étant (si tu te trouvais avoir un maître); οὔτε ni ἀκούοντα entendant κακῶς mal (t'entendant injurier) ἀντιλέγειν [il ne serait juste de] répondre [par injure] à [ton] tour, οὔτε ni τυπτόμενον étant frappé ἀντιτύπτειν [il ne serait juste de] frapper à [ton] tour, οὔτε ni πολλὰ ἄλλα [de faire] beaucoup d'autres [actes] τοιαῦτα tels (semblables)? Δὲ D'un autre côté, ἐξέσται sera-t-il permis ἄρα donc¹ πρὸς τὴν πατρίδα contre la patrie καὶ et τοὺς νόμους les lois, ὥςτε [d'agir] ainsi, ἐὰν si ἡμεῖς nous ἐπιχειρῶμεν nous entreprenons ἀπολλύναι [de] faire périr σε toi, ἡγούμενοι pensant εἶναι [cela] être δίκαιον juste (qu'il est juste d'agir ainsi), καὶ et σὺ toi δὴ donc ἐπιχειρήσεις entreprendras-tu ἀνταπολλύναι [de] faire périr à [ton] tour καθ' ὅσον selon [tout] ce que δύνασαι tu peux (autant que cela dépend de toi) ἡμᾶς nous τοὺς νόμους les lois καὶ et τὴν πατρίδα la patrie, καὶ et φήσεις diras-tu, ποιῶν faisant ταῦτα ces [choses] (en agissant ainsi), ὁ² ἐπιμελούμενος [toi] l' [homme] ayant soin τῇ ἀληθείᾳ par la vérité (en réalité) τῆς ἀρετῆς de la vertu, πράττειν [diras-tu toi] faire δίκαια [des choses] justes (que tu agis justement)? Ἢ Est-ce que εἶ tu es οὕτως si σοφὸς sage, ὥςτε que λέληθέ σε [cela] a échappé

---

1. Ἄρα se joint fréquemment à l'interrogation, quand la réponse doit être négative.

2. Cet article est emphatique et légèrement ironique.

μητρός τε, καὶ πατρὸς, καὶ τῶν ἄλλων προγόνων ἁπάντων, τιμιώτερόν ἐστιν ἡ πατρὶς, καὶ σεμνότερον, καὶ ἁγιώτερον, καὶ ἐν μείζονι μοίρᾳ, καὶ παρὰ Θεοῖς, καὶ παρ' ἀνθρώποις τοῖς νοῦν ἔχουσι; καὶ σέβεσθαι δεῖ, καὶ μᾶλλον ὑπείκειν, καὶ θωπεύειν πατρίδα χαλεπαίνουσαν, ἢ πατέρα; καὶ, ἢ πείθειν, ἢ ποιεῖν ἃ ἂν κελεύῃ; καὶ πάσχειν, ἐάν τι προστάττῃ παθεῖν, ἡσυχίαν ἄγοντα, ἐάν τε τύπτεσθαι, ἐάν τε δεῖσθαι; ἐάν τε εἰς πόλεμον ἄγῃ τρωθησόμενον, ἢ ἀποθανούμενον, ποιητέα ταῦτα, καὶ τὸ δίκαιον οὕτως ἔχει; καὶ οὐχ ὑπει-

---

à toi (tu ignores) ὅτι que ἡ πατρὶς la patrie ἐστιν est τιμιώτερον [une chose] plus respectable καὶ et σεμνότερον plus auguste, καὶ et ἁγιώτερον plus sainte τε et μητρὸς [qu']une mère, καὶ et πατρὸς [qu']un père, καὶ et ἁπάντων τῶν ἄλλων προγόνων [que] tous les autres ancêtres, καὶ et ἐν μοίρᾳ dans une place μείζονι plus grande (plus haute) καὶ et παρὰ Θεοῖς auprès des (parmi les) dieux, καὶ et παρ' ἀνθρώποις auprès des (parmi les) hommes τοῖς ἔχουσι les ayant (qui ont) νοῦν de l'intelligence : καὶ et δεῖ [qu'] il faut σέβεσθαι vénérer, καὶ et ὑπείκειν écouter avec docilité καὶ et θωπεύειν ménager πατρίδα [la] patrie χαλεπαίνουσαν irritée μᾶλλον plus ἢ que πατέρα un père, καὶ et ἢ [qu'il faut] soit πείθειν [la] persuader ἢ soit ποιεῖν faire ἃ [les choses] que ἂν κελεύῃ elle ordonne: καὶ et ἄγοντα faisant ἡσυχίαν [la] tranquillité (se tenant tranquille), πάσχειν souffrir ἐάν si προστάττῃ elle enjoint παθεῖν [de] souffrir τι quelque [chose], τέ et ἐάν si τύπτεσθαι [elle enjoint d'] être frappé, τέ et ἐάν si δεῖσθαι [elle enjoint d'] être lié, τέ et ἐάν si ἄγῃ elle emmène εἰς πόλεμον à [la] guerre τρωθησόμενον [celui] qui doit être blessé, ἢ ou ἀποθανούμενον [celui] qui doit mourir (si elle nous entraîne à la guerre pour nous exposer aux blessures ou à la mort)? ταῦτα [ne sais-tu pas que] ces [choses] ποιητέα [sont] devant être faites, καὶ et τὸ δίκαιον [que] le juste ἔχει est οὕτως ainsi (que c'est juste)? καὶ et οὐχ ὑπεικτέον

κτέον, οὐδὲ ἀναχωρητέον, οὐδὲ λειπτέον τὴν τάξιν ; ἀλλὰ, καὶ ἐν πολέμῳ, καὶ ἐν δικαστηρίῳ, καὶ πανταχοῦ ποιητέον, ἃ ἂν κελεύῃ ἡ πόλις τε, καὶ ἡ πατρίς; ἢ πείθειν αὐτὴν, ᾗ τὸ δίκαιον πέφυκε; βιάζεσθαι δὲ οὐχ ὅσιον, οὔτε μητέρα οὔτε πατέρα, πολὺ δὲ τούτων ἔτι ἧττον τὴν πατρίδα; Τί φήσομεν πρὸς ταῦτα, ὦ Κρίτων; ἀληθῆ λέγειν τοὺς νόμους, ἢ οὔ; — *Criton.* Ἔμοιγε δοκεῖ.

[qu'] on ne doit [pas] plier, οὐδ᾽ ἀναχωρητέον [qu'] on ne doit [pas] se retirer, οὐδὲ λειπτέον [qu'] on ne doit [pas] déserter τὴν τάξιν le rang (son rang), ἀλλὰ mais ποιητέον [qu'] on doit faire καὶ encore ἐν πολέμῳ à [la] guerre, καὶ et ἐν δικαστηρίῳ dans [l'] assemblée des juges, καὶ et πανταχοῦ partout ἃ [les choses] que τε et ἡ πόλις la ville καὶ et ἡ πατρίς [1] la patrie ἂν κελεύῃ pourra ordonner (pourront ordonner), ἢ ou πείθειν [que l'on doit] persuader αὐτὴν elle, ᾗ [de la manière] dont τὸ δίκαιον le juste πέφυκε existe (lui persuader ce qui est juste)? δὲ et οὐχ ὅσιον [ne sais-tu pas qu'il] n'[est] pas conforme à la religion βιάζεσθαι [de] faire violence οὔτε ni μητέρα [à sa] mère, οὔτε ni πατέρα [à son] père, δὲ et ἔτι encore πολὺ ἧττον beaucoup moins [conforme aux lois de la religion] τούτων [que] ces [actes], τὴν πατρίδα [de faire violence à] la patrie? Τί φήσομεν Que dirons-nous (que répondrons-nous) πρὸς ταῦτα à ces [questions], ὦ Κρίτων ô Criton? τοὺς νόμους [répondrons-nous] les lois λέγειν dire ἀληθῆ [des choses] vraies ἢ ou οὔ non (que les lois disent la vérité ou qu'elles ne la disent pas)? — Criton. Δοκεῖ Il semble ἔμοιγε à moi certes [qu'elles disent la vérité].

1. Πόλις désigne les personnes réunies en un corps politique ; πατρίς, le lieu où elles sont réunies, comme en latin *civitas* et *urbs*.

XIII. *Socrate.* Σκόπει τοίνυν, ὦ Σώκρατες, φαῖεν ἂν ἴσως οἱ νόμοι, εἰ ἡμεῖς ταῦτα ἀληθῆ λέγομεν, ὅτι οὐ δίκαια ἡμᾶς ἐπιχειρεῖς δρᾶν, ἃ νῦν ἐπιχειρεῖς. Ἡμεῖς γάρ σε γεννήσαντες, ἐκθρέψαντες, παιδεύσαντες, μεταδόντες ἁπάντων, ὧν οἷοί τε ἦμεν καλῶν, σοί τε καὶ τοῖς ἄλλοις πᾶσι πολίταις, ὅμως προαγορεύομεν, τῷ ἐξουσίαν πεποιηκέναι Ἀθηναίων τῷ βουλομένῳ, ἐπειδὰν δοκιμάσῃ, καὶ ἴδῃ τὰ ἐν τῇ πόλει πράγματα, καὶ ἡμᾶς τοὺς νόμους, ᾧ ἂν μὴ ἀρέσκωμεν ἡμεῖς, ἐξεῖναι, λαβόντα τὰ αὑτοῦ, ἀπιέναι ὅποι ἂν βούλη-

---

XIII. Socrate. Σκόπει Examine τοίνυν donc, ὦ Σώκρατες ὁ Socrate, φαῖεν ἂν diront ἴσως peut-être οἱ νόμοι les lois, εἰ si ἡμεῖς nous λέγομεν nous disons ταῦτα ces [choses] ἀληθῆ vraies, ὅτι [en ce] que (si nous parlons vrai en disant que) ἐπιχειρεῖς tu entreprends δρᾶν [de] faire ἡμᾶς [contre] nous οὐ δίκαια [des choses] non justes, ἃ [celles] que νῦν maintenant ἐπιχειρεῖς tu entreprends. Γὰρ En effet, ἡμεῖς nous γεννήσαντες ayant procréé σε toi, ἐκθρέψαντες [t'] ayant nourri, παιδεύσαντες [t'] ayant élevé, μεταδόντες [t'] ayant fait part ἁπάντων καλῶν de toutes [les choses] belles ὧν desquelles ἦμεν nous étions οἷοί τε capables, τε et σοί à toi καὶ et πᾶσι τοῖς ἄλλοις πολίταις à tous les autres citoyens, ὅμως cependant προαγορεύομεν nous annonçons πεποιηκέναι avoir fait τῷ à celui Ἀθηναίων des Athéniens τῷ βουλομένῳ le voulant (à celui qui le désire) ἐξουσίαν [la] liberté, ἐπειδὰν lorsque δοκιμάσῃ il aura éprouvé, καὶ et ἴδῃ il aura vu τὰ πράγματα les affaires ἐν τῇ πόλει dans la cité, καὶ et ἡμᾶς nous τοὺς νόμους les lois, ᾧ [pour celui] à qui ἡμεῖς nous ἂν μὴ ἀρέσκωμεν nous ne plairons pas, ἐξεῖναι [la liberté de] 'sortir, λαβόντα[1] ayant pris τὰ αὑτοῦ les [biens] de lui-même, ἀπιέναι [de] s'en aller

---

1. L'accusatif λαβόντα après le datif βουλομένῳ. C'est la figure grammaticale appelée *anacoluthe*, c'est-à-dire construction non suivie, dont Burnouf parle § 370.

ται· καὶ οὐδεὶς ἡμῶν τῶν νόμων ἐμποδών ἐστιν, οὐδ' ἀπαγορεύει, ἐάν τέ τις βούληται ὑμῶν εἰς ἀποικίαν ἰέναι, εἰ μὴ ἀρέσκοιμεν ἡμεῖς τε, καὶ ἡ πόλις, ἐάν τε μετοικεῖν ἄλλοσέ ποι ἐλθών, ἰέναι ἐκεῖσε, ὅποι ἂν βούληται, ἔχων τὰ αὑτοῦ· ὃς δ' ἂν ὑμῶν παραμείνῃ, ὁρῶν, ὃν τρόπον ἡμεῖς, τάς τε δίκας δικάζομεν, καὶ τἄλλα τὴν πόλιν διοικοῦμεν, ἤδη φαμὲν τοῦτον ὡμολογηκέναι ἔργῳ ἡμῖν, ἃ ἂν ἡμεῖς κελεύωμεν, ποιήσειν ταῦτα· καὶ τὸν μὴ πειθόμενον, τριχῇ φαμεν ἀδικεῖν· ὅτι τε γεννήταις οὖσιν ἡμῖν οὐ πείθεται,

---

ὅποι [là] où   ἂν βούληται il voudra :   καὶ et   οὐδεὶς aucune   ἡμῶν de nous   τῶν νόμων les lois   ἐστιν ἐμποδὼν [n'] est un obstacle,   οὐδ' ἀπαγορεύει ni [ne] défend   ἐάν τέ τις si quelqu'un   ὑμῶν de vous   βούληται veut   ἰέναι aller   εἰς ἀποικίαν en émigration,   εἰ si   τέ et   ἡμεῖς nous   καὶ et   ἡ πόλις la république   μὴ ἀρέσκοιμεν nous ne plaisions pas,   τέ et   ἐὰν si   μετοικεῖν [il veut] transporter son domicile   ἄλλοσέ ποι quelque part ailleurs   ἐλθὼν s'étant rendu,   ἰέναι [aucune de nous ne défend d'] aller   ἐκεῖσε là,   ὅποι où   ἂν βούληται il veut,   ἔχων ayant   τὰ αὑτοῦ les [biens] de lui-même (ses propres biens) :   δὲ mais   ὃς ὑμῶν [celui] de vous qui   ἂν παραμείνῃ restera,   ὁρῶν voyant   ὃν τρόπον [de] quelle manière   ἡμεῖς nous   τε et   δικάζομεν nous jugeons   τὰς δίκας les procès (nous rendons la justice),   καὶ et   διοικοῦμεν nous administrons   τὴν πόλιν la république   τἄλλα [pour] le reste,   ἤδη aussitôt   φαμὲν nous disons   τοῦτον cet [homme]   ὡμολογηκέναι être tombé d'accord   ἔργῳ par [le] fait (en effet)   ἡμῖν [avec] nous (que cet homme est en effet convenu avec nous)   ποιήσειν [de] devoir faire (de faire)   ταῦτα ces [choses]   ἃ que   ἡμεῖς nous   ἂν κελεύωμεν nous ordonnerons,   καὶ et   φαμεν nous disons   τὸν μὴ πειθόμενον l' [homme] n'obéissant pas   ἀδικεῖν être injuste   τριχῇ triplement (que celui qui n'obéit pas est injuste de trois manières),   τέ et   ὅτι [en] ce que   οὐ πείθεται il n'obéit pas   ἡμῖν à nous   οὖσιν étant   γεννήταις pères

καὶ ὅτι τροφεῦσι, καὶ ὅτι ὁμολογήσας ἡμῖν πείθεσθαι, οὔτε πείθεται, οὔτε πείθει ἡμᾶς, εἰ μὴ καλῶς τι ποιοῦμεν, προτιθέντων ἡμῶν, καὶ οὐκ ἀγρίως ἐπιταττόντων ποιεῖν, ἃ ἂν κελεύωμεν, ἀλλὰ ἐφιέντων δυοῖν θάτερα, ἢ πείθειν ἡμᾶς, ἢ ποιεῖν· τούτων οὐδέτερα ποιεῖ.

XIV. Ταύταις δὴ φαμεν καί σε, ὦ Σώκρατες, ταῖς αἰτίαις ἐνέξεσθαι, εἴπερ ποιήσεις, ἃ ἐπινοεῖς· καὶ οὐχ ἥκιστα Ἀθηναίων σε, ἀλλ' ἐν τοῖς μάλιστα. Εἰ οὖν ἐγὼ

(mères), καὶ et ὅτι [en] ce que τροφεῦσι [il n'obéit pas à nous étant] nourriciers (nourrices) (à nous qui l'avons créé et qui l'avons nourri), καὶ et ὅτι [en] ce que ὁμολογήσας ayant consenti πείθεσθαι [à] obéir ἡμῖν à nous, οὔτε πείθεται il n'obéit, οὔτε ni πείθει [ne] persuade ἡμᾶς nous, εἰ si ποιοῦμεν nous faisons τι quelque [chose] μὴ καλῶς non bien (si nous commettons quelque injustice), ἡμῶν nous προτιθέντων proposant, καὶ et οὐκ ἐπιταττόντων ne prescrivant pas ἀγρίως avec dureté ποιεῖν [de] faire, ἃ [les choses] que ἂν κελεύωμεν nous ordonnons, ἀλλὰ mais ἐφιέντων permettant θάτερα l'une ou l'autre [chose] δυοῖν de deux [choses] ἢ ou πείθειν [de] persuader ἡμᾶς nous, ἢ ou ποιεῖν [de] faire [ce que nous ordonnons], ποιεῖ il [ne] fait οὐδέτερα ni l'une ni l'autre [chose] τούτων de ces [choses].

XIV. Δὴ Or φαμεν nous disons σε toi καί aussi, ὦ Σώκρατες ὁ Socrate, ἐνέξεσθαι devoir être exposé (que tu seras exposé) ταύταις ταῖς αἰτίαις à ces reproches, εἴπερ si toutefois ποιήσεις tu feras (tu fais) ἃ [les choses] que ἐπινοεῖς tu médites, καὶ et σε toi οὐχ ἥκιστα ne pas [devoir être] le moins [exposé à ces reproches] Ἀθηναίων [d'entre les] Athéniens, ἀλλὰ mais ἐν τοῖς μάλιστα

εἴποιμι διὰ τί δή; Ἴσως ἂν μου δικαίως καθάπτοιντο, λέγοντες, ὅτι ἐν τοῖς μ... ... ἐγὼ αὐτοῖς ὡμολογηκὼς τυγχάνω ταύτην τὴν ὁμολογίαν. Φαῖεν γὰρ ἄν· Ὅτι, ὦ Σώκρατες, μεγάλα ἡμῖν τούτων τεκμήριά ἐστιν, ὅτι σοι καὶ ἡμεῖς ἠρέσκομεν καὶ ἡ πόλις. Οὐ γὰρ ἄν ποτε τῶν ἄλλων Ἀθηναίων ἁπάντων διαφερόντως ἐν αὐτῇ ἐπεδήμεις, εἰ μή σοι διαφερόντως ἤρεσκε· καὶ οὔτ' ἐπὶ θεωρίαν πώποτε ἐκ τῆς πόλεως ἐξῆλθες, ὅτι μὴ ἅπαξ εἰς Ἰσθμόν, οὔτε ἄλλοσε οὐ-

---

parmi ceux [qui le sont] le plus[1]. Οὖν Donc εἰ si ἐγὼ moi εἴποιμι je disais : διὰ τί pourquoi δὴ donc ? ἴσως peut-être ἂν καθάπτοιντο elles attaqueraient vivement μου moi δικαίως avec justice, λέγοντες disant, ὅτι que ἐγὼ moi τυγχάνω je me trouve ὡμολογηκὼς ayant donné mon assentiment ἐν τοῖς μάλιστα parmi ceux [ayant donné leur assentiment] le plus ταύτην τὴν ὁμολογίαν [à] cette convention. Γὰρ Car φαῖεν ἂν elles diraient : Ὦ Σώκρατες O Socrate, ὅτι [ne vois-tu pas] que τεκμήρια des témoignages ἐστι sont μεγάλα grands τούτων de ces [choses] ἡμῖν à (pour) nous ὅτι [de ce] que ἡμεῖς nous [les lois] καὶ et ἡ πόλις la république ἠρέσκομεν nous avons plu σοι à toi. Γὰρ Car οὔ ποτε ἂν ἐπεδήμεις jamais tu n'aurais résidé ἐν αὐτῇ dans elle (la ville d'Athènes) διαφερόντως d'une manière qui diffère τῶν ἄλλων Ἀθηναίων du reste des Athéniens, εἰ μὴ ἤρεσκε si elle n'eût plu σοι à toi διαφερόντως d'une manière qui diffère [du reste des villes] : καὶ et οὔτε πώποτε ἐξῆλθες jamais tu [n'] es sorti ἐκ τῆς πόλεως de la ville ἐπὶ θεωρίαν pour une fête solennelle, ὅτι μὴ si ce n'est ἅπαξ une

---

[1]. Ἀλλὰ ἐν τοῖς μάλιστα. Ce membre de phrase et celui qui précède dépendent toujours de φαμέν σε ἐνέξεσθαι : que, de tous les Athéniens, tu n'es pas celui qui soit le moins soumis aux lois; mais que tu es, au contraire, au nombre de ceux qui leur doivent le plus d'obéissance.

δαμόσε, εἰ μή ποι στρατευσόμενος, οὔτε ἄλλην ἐποίησας ἀποδημίαν πώποτε, ὥσπερ οἱ ἄλλοι ἄνθρωποι · οὐδ' ἐπιθυμία σε ἄλλης πόλεως οὐδ' ἄλλων νόμων ἔλαβεν εἰδέναι · ἀλλὰ ἡμεῖς σοι ἱκανοὶ ἦμεν, καὶ ἡ ἡμετέρα πόλις · οὕτω σφόδρα ἡμᾶς ᾑροῦ, καὶ ὡμολογεῖς καθ' ἡμᾶς πολιτεύσεσθαι · τά τε ἄλλα, καὶ παῖδας ἐν αὐτῇ ἐποίησας, ὡς ἀρεσκούσης σοι τῆς πόλεως. Ἔτι τοίνυν ἐν αὐτῇ τῇ δίκῃ ἐξῆν σοι φυγῆς τιμήσασθαι, εἰ ἐβούλου, καί, ὅπερ νῦν, ἀκούσης τῆς πό-

---

fois εἰς Ἰσθμὸν pour [l'] Isthme[1], οὔτε ni οὐδαμότε ἄλλοσε [tu n'es allé] nulle part ailleurs εἰ μὴ sinon στρατευσόμενος devant porter les armes ποι quelque part, οὔτε ἐποίησας ni tu [n'] as fait πώποτε jamais ἄλλην ἀποδημίαν d'autre excursion, ὥσπερ comme οἱ ἄλλοι ἄνθρωποι [tous] les autres hommes ; οὐδὲ ni ἐπιθυμία [le] désir εἰδέναι [de] connaître ἄλλης πόλεως une autre ville οὐδὲ ni ἄλλων νόμων d'autres lois ἔλαβεν [ne] prit[2] σε toi, ἀλλὰ mais ἡμεῖς nous καὶ et ἡ ἡμετέρα πόλις la notre ville (notre ville) ἦμεν nous étions ἱκανοὶ suffisantes σοι à toi, ᾑροῦ tu t'étais attaché οὕτω σφόδρα si fortement ἡμᾶς [à] nous καὶ et ὡμολογεῖς tu as donné ton assentiment [si fortement] πολιτεύσεσθαι [à] être gouverné καθ' ἡμᾶς selon nous (par nous), τέ τὰ ἄλλα et [pour] le reste (d'ailleurs), καὶ aussi ἐποίησας tu as engendré παῖδας des enfants ἐν αὐτῇ dans elle (cette ville), ὡς comme τῆς πόλεως la ville ἀρεσκούσης plaisant σοι à toi (attendu que la ville te plaisait). Τοίνυν Or ἔτι encore ἐν αὐτῇ τῇ δίκῃ dans le procès même ἐξῆν il était permis σοι à toi τιμήσασθαι [d'] être condamné φυγῆς [à la peine de] l'exil, εἰ ἐβούλου si tu voulais[3], καὶ et ποιῆσαι [de] faire

1. Aux jeux isthmiques, qui se célébraient tous les trois ans dans l'isthme de Corinthe, en l'honneur de Neptune, depuis que Thésée les avait renouvelés.
2. Ἐπιθυμία ἔλαβε, en latin, *cupido incessit*. Cette métaphore est passée aussi dans notre langue.
3. Les juges, quand ils avaient constaté le crime, demandaient au coupable quel châtiment il croyait mériter.

λεως, ἐπιχειρεῖς, τότε ἑκούσης ποιῆσαι. Σὺ δὲ τότε μὲν ἐκαλλωπίζου, ὡς οὐκ ἀγανακτῶν, εἰ δέοι τεθνάναι σε, ἀλλ' ᾑροῦ, ὡς ἔφησθα, πρὸ τῆς φυγῆς θάνατον· νῦν δὲ, οὔτ' ἐκείνους τοὺς λόγους αἰσχύνῃ, οὔτε ἡμῶν τῶν νόμων ἐντρέπῃ, ἐπιχειρῶν διαφθεῖραι· πράττεις τε, ἅπερ ἂν δοῦλος ὁ φαυλότατος πράξειεν, ἀποδιδράσκειν ἐπιχειρῶν παρὰ τὰς ξυνθήκας τε, καὶ τὰς ὁμολογίας, καθ' ἃς ἡμῖν συνέθου πολιτεύσεσθαι. Πρῶτον μὲν οὖν ἡμῖν τοῦτο αὐτὸ ἀπόκριναι, εἰ ἀληθῆ λέγομεν, φάσκοντές σε ὡμολογηκέναι πολιτεύσεσθαι

τότε alors τῆς πόλεως la république ἑκούσης [y] consentant ὅπερ [ce] que νῦν maintenant ἐπιχειρεῖς tu entreprends ἀκούσης [la république] n' [y] consentant pas. Δὲ Mais σὺ toi τότε alors μὲν d'un côté ἐκαλλωπίζου tu faisais l'orgueilleux, ὡς comme οὐκ ἀγανακτῶν ne t'indignant pas εἰ δέοι s'il fallait σε toi τεθνάναι mourir (s'il te fallait mourir), ἀλλὰ mais ᾑροῦ tu préférais, ὡς ἔφησθα comme tu [le] disais, θάνατον [la] mort πρὸ τῆς φυγῆς plutôt que l'exil : δὲ d'un autre côté νῦν maintenant, οὔτε αἰσχύνῃ ni tu [ne] rougis ἐκείνους τοὺς λόγους [de] ces discours-là, οὔτε ἐντρέπῃ ni tu [n'] as égard ἡμῶν [à] nous τῶν νόμων les lois, ἐπιχειρῶν entreprenant διαφθεῖραι [de nous] détruire : τε et πράττεις tu fais ἅπερ [ce] que δοῦλος un esclave ὁ φαυλότατος le plus méprisable ἂν πράξειεν ferait, ἐπιχειρῶν entreprenant ἀποδιδράσκειν [de] t'enfuir τε et παρὰ τὰς ξυνθήκας contre les traités καὶ et τὰς ὁμολογίας [contre] les conventions, καθ' ἃς par lesquelles συνέθου tu es tombé d'accord ἡμῖν [avec] nous πολιτεύσεσθαι [d'] être gouverné. Μὲν D'un côté οὖν donc πρῶτον d'abord ἀπόκριναι réponds τοῦτο αὐτὸ cela même ἡμῖν à nous, εἰ si λέγομεν nous disons ἀληθῆ des [choses] vraies, φάσκοντες disant σε toi ὡμολογηκέναι être tombé d'accord (que tu es tombé d'accord) ἔργῳ par [le] fait, ἀλλ' οὐ et non pas λόγῳ [par] des paroles πολιτεύσεσθαι

καθ' ἡμᾶς ἔργῳ, ἀλλ' οὐ λόγῳ, ἢ οὐκ ἀληθῆ; Τί φῶμεν πρὸς ταῦτα, ὦ Κρίτων; ἄλλο τι ἢ ὁμολογῶμεν; — *Criton.* — Ἀνάγκη, ὦ Σώκρατες. — *Socrate.* Ἄλλο τι οὖν, φαῖεν, ἢ ξυνθήκας τὰς πρὸς ἡμᾶς αὐτούς, καὶ ὁμολογίας, παραβαίνεις; οὐχ ὑπ' ἀνάγκης ὁμολογήσας, οὐδὲ ἀπατηθείς, οὐδὲ ἐν ὀλίγῳ χρόνῳ ἀναγκασθεὶς βουλεύσασθαι, ἀλλ' ἐν ἔτεσιν ἑβδομήκοντα, ἐν οἷς ἦν σοι ἀπιέναι, εἰ μὴ ἠρέσκομεν ἡμεῖς, μηδὲ δίκαιαι ἐφαίνοντό σοι αἱ ὁμολογίαι εἶναι. Σὺ δὲ οὔτε

[d'] être gouverné καθ' ἡμᾶς par nous, ἢ ou οὐκ ἀληθῆ [cela] n'[est-il] pas vrai ? Τί φῶμεν Que dirons-nous πρὸς ταῦτα à cela, ὦ Κρίτων ô Criton? ἄλλο τι [dirons-nous] quelque autre [chose], ἢ [si ce n'est] que ὁμολογῶμεν nous consentions? — CRITON. Ἀνάγκη Nécessité [est] (impossible autrement), ὦ Σώκρατες ô Socrate. — SOCRATE. Οὖν Donc τι ἄλλο [fais-tu] quelqu'autre [chose], φαῖεν diraient-elles, ἢ [si ce n'est] que παραβαίνεις[1] tu violes τὰς ξυνθήκας les traités πρὸς ἡμᾶς αὐτοὺς [conclus] avec nous-mêmes, καὶ et ὁμολογίας les conventions, οὐχ ὁμολογήσας n'étant pas tombé d'accord ὑπ' ἀνάγκης [contraint] par [la] nécessité, οὐδὲ ἀπατηθεὶς ni amené par fraude, οὐδὲ ἀναγκασθεὶς ni obligé βουλεύσασθαι [à] prendre une décision ἐν ὀλίγῳ χρόνῳ en peu de temps, ἀλλὰ mais ἐν ἑβδομήκοντα ἔτεσιν en soixante-dix années ἐν οἷς pendant lesquelles ἦν il était [permis] σοι à toi ἀπιέναι [de] t'en aller, εἰ μὴ ἡμεῖς ἠρέσκομεν si nous ne te plaisions pas, μηδὲ ni (et si) αἱ ὁμολογίαι les conventions ἐφαίνοντο [ne] paraissaient [pas] σοι à toi εἶναι être δίκαιαι

---

1. Ἄλλο τι οὖν, φαῖεν, ἢ.... παραβαίνεις; sous-ent. ποιεῖς : *agis-ne aliud quid, dicerent, quam violas, etc.* On pourrait aussi expliquer sans virgule après ἄλλο τι οὖν : *aliud quid dicerent [leges] quam hoc violas, etc.*; cependant nous avons préféré la première construction, qui paraît mieux suivie, la seconde ne pouvant avoir lieu que par une espèce d'anacoluthe.

Λακεδαίμονα προῃροῦ, οὔτε Κρήτην, ἃς δὴ ἑκάστοτε φῂς εὐνομεῖσθαι, οὔτε ἄλλην οὐδεμίαν τῶν ἑλληνίδων πόλεων, οὔτε τῶν βαρβάρων· ἀλλ' ἐλάττω ἐξ αὐτῆς ἀπεδήμησας, ἢ οἱ χωλοί τε, καὶ τυφλοί, καὶ οἱ ἄλλοι ἀνάπηροι. Οὕτω σοι διαφερόντως τῶν ἄλλων Ἀθηναίων ἤρεσκεν ἡ πόλις τε, καὶ ἡμεῖς οἱ νόμοι δηλονότι· τίνι γὰρ ἂν πόλις ἀρέσκοι ἄνευ νόμων; Νῦν δὲ δὴ οὐκ ἐμμένεις τοῖς ὡμολογημένοις· ἐμμενεῖς δέ, ἐὰν ἡμῖν γε πείθῃ, ὦ Σώκρατες, καὶ οὐ καταγέλαστός γε ἔσῃ, ἐκ τῆς πόλεως ἐξελθών.

---

justes. Δὲ Or σὺ toi προῄροῦ tu [n'] as préféré οὔτε ni Λακεδαίμονα Lacédémone[1], οὔτε ni Κρήτην la Crète, ἃς [pays] que δὴ certes ἑκάστοτε chaque fois φῂς tu dis εὐνομεῖσθαι être bien gouvernés, οὔτε ni οὐδεμίαν ἄλλην aucune autre τῶν πόλεων des villes ἑλληνίδων grecques, οὔτε ni τῶν βαρβάρων des [villes] barbares: ἀλλὰ mais ἀπεδήμησας tu as voyagé ἐξ αὐτῆς loin d'elle (d'Athènes) ἐλάττω moins ἢ que τε et οἱ χωλοί les boiteux καὶ et τυφλοί les aveugles, καὶ et δὴ ἄλλοι ἀνάπηροι [tous] les autres infirmes. Τὲ Et ἡ πόλις la république ἤρεσκεν a plu δηλονότι évidemment σοι à toi οὕτω διαφερόντως d'une manière si différente τῶν ἄλλων Ἀθηναίων [de celle] des autres Athéniens, καὶ et ἡμεῖς nous οἱ νόμοι les lois [nous avons également plu]; γὰρ car τίνι à qui πόλις une ville ἂν ἀρέσκοι plairait-elle ἄνευ νόμων sans lois? Δὲ Or νῦν maintenant, δὴ certes οὐκ ἐμμένεις tu ne persistes pas dans τοῖς ὡμολογημένοις [les] choses convenues: δὲ mais ἐμμενεῖς tu [y] persisteras ἐάν γε si du moins πείθῃ tu as confiance ἡμῖν [en] nous, ὦ Σώκρατες ô Socrate, καὶ οὐ γε ἔσῃ tu ne seras pas du moins καταγέλαστος ridicule ἐξελθών étant sorti (pour être sorti) ἐκ τῆς πόλεως de la ville.

1. Platon, dans ses Dialogues, fait souvent faire à Socrate l'éloge de la législation des Spartiates et de celle des Crétois. Ces deux peuples étaient de race dorienne, et l'élément aristocratique dominait dans leur constitution.

XV. Σκόπει γὰρ δὴ, ταῦτα παραβὰς, καὶ ἐξαμαρτών τι τούτων, τί ἀγαθὸν ἐργάσῃ σαυτὸν, ἢ τοὺς ἐπιτηδείους τοὺς σαυτοῦ. Ὅτι μὲν γὰρ κινδυνεύσουσί γέ σου οἱ ἐπιτήδειοι καὶ αὐτοὶ φεύγειν, καὶ στερηθῆναι τῆς πόλεως, ἢ τὴν οὐσίαν ἀπολέσαι, σχεδόν τι δῆλον. Αὐτὸς δὲ πρῶτον μὲν, ἐὰν εἰς τῶν ἐγγύτατά τινα πόλεων ἔλθῃς, ἢ Θήβαζε, ἢ Μέγαράδε, εὐνομοῦνται γὰρ ἀμφότεραι, πολέμιος ἥξεις, ὦ Σώκρατες, τῇ τούτων πολιτείᾳ· καὶ ὅσοιπερ κήδονται τῶν αὑτῶν πόλεων, ὑποβλέψονταί σε, διαφθορέα ἡγούμενοι τῶν νόμων· καὶ βεβαιώσεις

XV. Γὰρ Car σκόπει examine δὴ donc, παραβὰς ayant enfreint ταῦτα ces [obligations] καὶ et ἐξαμαρτών ayant eu tort τι τούτων [en] quelqu'une de ces [choses], τί ἀγαθὸν quel bien ἐργάσῃ feras-tu σαυτὸν [à] toi-même, ἢ ou τοὺς ἐπιτηδείους aux amis τοὺς σαυτοῦ [à] ceux de toi-même (à tes amis). Γὰρ Car μὲν d'un côté, σχεδόν τι δῆλον [il est] presque évident ὅτι que οἱ ἐπιτήδειοι les amis σου de toi κινδυνεύσουσί γε courront au moins risque αὐτοὶ eux-mêmes καὶ et φεύγειν [de] fuir καὶ et στερηθῆναι [d'] être privés τῆς πόλεως de la ville (d'être exilés), ἢ ou ἀπολέσαι [de] perdre τὴν οὐσίαν la (leur) fortune. Δὲ D'un autre côté, αὐτὸς [toi-]même μὲν du moins πρῶτον d'abord ἐὰν si ἔλθῃς tu viens εἴς τινα dans une [ville] τῶν πόλεων des villes ἐγγύτατα [étant] le plus près, ἢ ou Θήβαζε à Thèbes, ἢ ou Μέγαράδε à Mégare, γὰρ car ἀμφότεραι toutes les deux εὐνομοῦνται sont bien gouvernées, ἥξεις tu viendras πολέμιος [comme] ennemi, ὦ Σώκρατες ô Socrate, τῇ πολιτείᾳ à (pour) la constitution τούτων de ces [villes] καὶ et ὅσοιπερ [tous ceux] qui κήδονται prennent soin τῶν πόλεων des villes αὑτῶν d'eux-mêmes ὑποβλέψονται verront avec défiance σε toi ἡγούμενοι pensant διαφθορέα [toi être] (que tu es) un destructeur τῶν νόμων des lois: καὶ et βεβαιώσεις tu confirmeras τὴν δόξαν l'opinion

τοῖς δικασταῖς τὴν δόξαν, ὥστε δοκεῖν ὀρθῶς τὴν δίκην δικάσαι. Ὅστις γὰρ νόμων διαφθορεύς ἐστι, σφόδρα που δόξειεν ἂν νέων γε, καὶ ἀνοήτων ἀνθρώπων, διαφθορεὺς εἶναι. Πότερον οὖν φεύξῃ τάς τε εὐνομουμένας πόλεις, καὶ τῶν ἀνδρῶν τοὺς κοσμιωτάτους, καὶ τοῦτο ποιοῦντι ἆρα ἄξιόν σοι ζῆν ἔσται; ἢ πλησιάσεις τούτοις, καὶ ἀναισχυντήσεις διαλεγόμενός τινας λόγους, ὦ Σώκρατες, οἵουσπερ ἐνθάδε, ὡς ἡ ἀρετὴ, καὶ ἡ δικαιοσύνη, πλείστου ἄξιον τοῖς ἀνθρώποις, καὶ τὰ νόμιμα, καὶ οἱ νόμοι; καὶ οὐκ οἴει, ἄσχημον ἂν φανεῖσθαι τὸ τοῦ Σωκράτους πρᾶγμα;

τοῖς δικασταῖς [au sujet de tes] juges, ὥστε de manière à δοκεῖν [eux] paraître (de manière à ce qu'ils paraissent) δικάσαι avoir jugé τὴν δίκην le procès ὀρθῶς bien. Γὰρ Car ὅστις quiconque ἐστι est διαφθορεὺς destructeur νόμων de lois, σφόδρα που δόξειεν ἂν pourrait fort bien paraître γε certes διαφθορεὺς destructeur (corrupteur) ἀνθρώπων des hommes νέων jeunes καὶ et ἀνοήτων peu intelligents. Πότερον Est-ce que οὖν donc φεύξῃ tu fuiras τε et τὰς πόλεις les villes εὐνομουμένας dirigées par de bonnes lois, καὶ et τοὺς κοσμιωτάτους les plus sages τῶν ἀνδρῶν des hommes, καὶ et ἆρα est-ce que ἔσται il sera ἄξιον convenable ζῆν [de] vivre σοι à (pour) toi ποιοῦντι faisant τοῦτο cela? ἢ ou πλησιάσεις t'approcheras-tu τούτοις [de] ceux-là, καὶ et ἀναισχυντήσεις rougiras-tu διαλεγόμενος discourant avec [eux] τινας λόγους [par] certains entretiens, ὦ Σώκρατες ô Socrate, οἵουσπερ tels que ἐνθάδε [tu en tiens] ici, ὡς [savoir] que ἡ ἀρετὴ la vertu, καὶ et ἡ δικαιοσύνη la justice ἄξιον [sont chose] digne πλείστου de la plus grande [estime] τοῖς ἀνθρώποις [chez] les hommes καὶ et (de même que) τὰ νόμιμα les institutions καὶ et οἱ νόμοι les lois? καὶ et οὐκ οἴει ne penses-tu pas τὸ πρᾶγμα l'action (la conduite) τοῦ Σωκράτους de Socrate ἂν φανεῖσθαι pouvoir paraître (que la conduite de Socrate pourra paraître) ἄσχημον indécente? Γε Certes χρὴ

Οἴεσθαί γε χρή. Ἀλλ' ἐκ μὲν τούτων τῶν πόλεων ἀπαρεῖς, ἥξεις δὲ εἰς Θετταλίαν παρὰ τοὺς ξένους τοῦ Κρίτωνος. Ἐκεῖ γὰρ δὴ πλείστη ἀταξία καὶ ἀκολασία· καὶ ἴσως ἂν ἡδέως σου ἀκούσιεν, ὡς γελοίως ἐκ τοῦ δεσμωτηρίου ἀπεδίδρασκες, σκευήν τινα περιθέμενος, ἢ διφθέραν λαβών, ἢ ἄλλα, οἷα δὴ εἰώθασιν ἐνσκευάζεσθαι οἱ ἀποδιδράσκοντες, καὶ τὸ σχῆμα τὸ σαυτοῦ μεταλλάξας. Ὅτι δὲ γέρων ἀνὴρ, σμικροῦ χρόνου τῷ βίῳ λοιποῦ ὄντος, ὡς τὸ εἰκὸς, ἐτόλμησας οὕτω γλίσχρως ἐπιθυμεῖν ζῆν, νόμους τοὺς μεγίστους παραβὰς, οὐδεὶς, ὃς ἐρεῖ;

---

il faut οἴεσθαι [le] penser. Ἀλλὰ Mais μὲν d'un côté ἀπαρεῖς tu t'en iras ἐκ τούτων τῶν πόλεων de ces villes, δὲ d'un autre côté ἥξεις tu iras εἰς Θετταλίαν en Thessalie παρὰ τοὺς ξένους chez les hôtes τοῦ Κρίτωνος de Criton. γὰρ Car πλείστη ἀταξία [la] plus grande licence καὶ et ἀκολασία [la plus grande] impunité ἐκεῖ [existent] là : καὶ et ἴσως peut-être ἄν σου ἀκούσιεν [les Thessaliens] t'écouteraient ἡδέως agréablement, ὡς γελοίως [pour savoir] de quelle manière plaisante ἀπεδίδρασκες tu t'es enfui ἐκ τοῦ δεσμωτηρίου de la prison, περιθέμενος t'étant affublé τινα σκευὴν [d'] un certain déguisement, ἢ ou λαβὼν ayant pris διφθέραν un vêtement de peau ἢ ou ἄλλα d'autres [moyens] οἷα [tels] que δὴ certes εἰώθασιν ont coutume ἐνσκευάζεσθαι [d'en] apprêter οἱ ἀποδιδράσκοντες les fugitifs, καὶ et μεταλλάξας ayant changé τὸ σχῆμα l'extérieur τὸ σαυτοῦ celui de toi (ayant changé de costume). Δὲ Mais οὐδεὶς personne ὃς ἐρεῖ [ne sera-t-il] qui dira ὅτι que ἀνὴρ [étant] homme γέρων âgé, χρόνου un temps σμικροῦ bref ὄντος étant λοιποῦ de reste τῷ βίῳ à la vie (à vivre), ὡς comme τὸ εἰκὸς la vraisemblance [est] (comme il est probable), ἐτόλμησας tu as osé ἐπιθυμεῖν désirer οὕτω γλίσχρως si chichement ζῆν [de] vivre, παραβὰς ayant enfreint νόμους τοὺς μεγίστους [les] lois

Ἴσως ἂν μή τινα λυπῇς· εἰ δὲ μὴ, ἀκούσῃ, ὦ Σώκρατες, πολλὰ, καὶ ἀνάξια σαυτοῦ. Ὑπερχόμενος δὴ πάντας ἀνθρώπους βιώσῃ, καὶ δουλεύων· τί ποιῶν, ἢ εὐωχούμενος ἐν Θετταλίᾳ, ὥσπερ ἐπὶ δεῖπνον ἀποδεδημηκὼς εἰς Θετταλίαν; Λόγοι δὲ ἐκεῖνοι οἱ περὶ δικαιοσύνης τε, καὶ τῆς ἄλλης ἀρετῆς ποῦ ἡμῖν ἔσονται; Ἀλλὰ δὴ τῶν παίδων ἕνεκα βούλει ζῆν, ἵνα αὐτοὺς ἐκθρέψῃς, καὶ παιδεύσῃς; Τί δαί; εἰς Θετταλίαν αὐτοὺς ἀγαγὼν, θρέψεις τε, καὶ παιδεύσεις, ξένους ποιήσας, ἵνα καὶ

---

les plus grandes? Ἴσως peut-être ἂν si μὴ λυπῇς tu n'affliges τινα quelqu'un (personne), εἰ δὲ μὴ mais si non (si tu affliges quelqu'un), ὦ Σώκρατες ô Socrate, ἀκούσῃ tu entendras πολλὰ [des choses] nombreuses, καὶ et ἀνάξια indignes σαυτοῦ [de] toi-même. Δὴ Donc βιώσῃ tu vivras ὑπερχόμενος cherchant à capter πάντας ἀνθρώπους tous [les] hommes, καὶ et δουλεύων [les] servant comme esclave, τί ποιῶν faisant quoi (te livrant à quelles occupations), ἢ ou εὐωχούμενος faisant bonne chère ἐν Θετταλίᾳ en Thessalie[1], ὥσπερ comme ἀποδεδημηκὼς ayant émigré (comme si tu avais émigré) εἰς Θετταλίαν en Thessalie ἐπὶ δεῖπνον pour [le] repas (pour la bonne chère)? Δὲ Et ἐκεῖνοι λόγοι ces entretiens τε et οἱ περὶ δικαιοσύνης ceux qui concernent la justice, καὶ et τῆς ἄλλης ἀρετῆς le reste de la vertu, ποῦ où ἔσονται seront-ils ἡμῖν à (pour) nous? Ἀλλὰ δὴ βούλει Mais veux-tu donc ζῆν vivre ἕνεκα τῶν παίδων pour [tes] enfants, ἵνα afin que αὐτοὺς ἐκθρέψῃς tu les nourrisses καὶ et παιδεύσῃς que tu [les] instruises? Τί δαί Quoi donc? ἀγαγὼν ayant emmené αὐτοὺς eux εἰς Θετταλίαν en Thessalie, τε et θρέψεις [les] nourriras-tu καὶ et παιδεύσεις [les] instruiras-tu, ποιήσας [les] ayant rendus ξένους étrangers, ἵνα afin que ἀπολαύσωσιν ils retirent

---

1. La Thessalie était un pays où régnaient la licence et la débauche. Aussi Xénophon remarque-t-il que ce fut là que Critias se perdit.

τοῦτό σου ἀπολαύσωσιν; ἢ τοῦτο μὲν οὔ, αὐτοῦ δὲ τρεφόμενοι, σοῦ ζῶντος, βέλτιον τρέψονται, καὶ παιδεύσονται, μὴ ξυνόντος σου αὐτοῖς; Οἱ γὰρ ἐπιτήδειοι οἱ σοὶ ἐπιμελήσονται αὐτῶν. Πότερον δὲ ἐὰν μὲν εἰς Θετταλίαν ἀποδημήσῃς, ἐπιμελήσονται· ἐὰν δὲ εἰς Ἅδου ἀποδημήσῃς, οὐχὶ ἐπιμελήσονται; εἴπερ γέ τι ὄφελος αὐτῶν ἐστι τῶν σοι φασκόντων ἐπιτηδείων εἶναι, οἴεσθαί γε χρή.

XVI. Ἀλλ', ὦ Σώκρατες, πειθόμενος ἡμῖν τοῖς σοῖς τροφεῦσι, μήτε παῖδας περὶ πλείονος ποιοῦ, μήτε τὸ ζῆν, μήτε

τοῦτο cet [avantage] καὶ encore σου [de] toi? ἢ ou μὲν d'un côté τοῦτο [que] cela οὔ ne [soit] pas, δὲ d'un autre côté τρεφόμενοι nourris αὐτοῦ ici, σοῦ toi ζῶντος vivant, τρέψονται seront-ils nourris βέλτιον mieux, καὶ et παιδεύσονται seront-ils instruits [mieux] σου toi μὴ ξυνόντος n'étant pas avec αὐτοῖς eux? Γὰρ Car οἱ ἐπιτήδειοι les amis οἱ σοὶ les tiens (tes amis) ἐπιμελήσονται prendront soin αὐτῶν d'eux. Δὲ Or, ἐὰν si μὲν d'un côté ἀποδημήσῃς tu vas émigrer εἰς Θετταλίαν en Thessalie, πότερον est-ce que ἐπιμελήσονται [tes amis] prendront soin [de tes enfants], δὲ d'un autre côté, ἐὰν si ἀποδημήσῃς tu vas demeurer εἰς Ἅδου dans [la demeure] de Pluton, οὐχὶ ἐπιμελήσονται ils n' [en] prendront pas soin? εἴπερ γε si toutefois certes τι ὄφελος quelque utilité ἐστι existe αὐτῶν d'eux τῶν φασκόντων les disant σοι à toi εἶναι [soi] être ἐπιτηδείων amis (de ceux qui se disent tes amis), γε certes χρὴ il faut οἴεσθαι [le] penser.

XVI. Ἀλλὰ Mais, ὦ Σώκρατες ὁ Socrate, πειθόμενος étant persuadé ἡμῖν [par] nous τοῖς σοῖς τροφεῦσι les tiens (tes) parents nourriciers μήτε ποιοῦ ni ne fais περὶ πλείονος plus de cas παῖδας [des] enfants, μήτε ni τὸ ζῆν [du] vivre (de la vie), μήτε ni μηδὲν ἄλλο [de] nulle

ἄλλο μηδὲν, πρὸ τοῦ δικαίου· ἵνα, εἰς Ἅδου ἐλθών, ἔχῃς ταῦτα πάντα ἀπολογήσασθαι τοῖς ἐκεῖ ἄρχουσιν. Οὔτε γὰρ ἐνθάδε σοι φαίνεται ταῦτα πράττοντι ἄμεινον εἶναι, οὐδὲ δικαιότερον, οὐδὲ ὁσιώτερον, οὐδὲ ἄλλῳ τῶν σῶν οὐδενί· οὔτε ἐκεῖσε ἀφικομένῳ ἄμεινον ἔσται. Ἀλλὰ νῦν μὲν ἠδικημένος ἄπει, ἐὰν ἀπίῃς, οὐχ ὑφ' ἡμῶν τῶν νόμων, ἀλλ' ὑπ' ἀνθρώπων· ἐὰν δὲ ἐξέλθῃς οὕτως αἰσχρῶς ἀνταδικήσας τε, καὶ ἀντικακουργήσας, τὰς σαυτοῦ ὁμολογίας τε καὶ ξυνθήκας τὰς πρὸς ἡμᾶς παραβάς, καὶ κακὰ ἐργασάμενος τούτους, οὓς ἥκιστα ἔδει, σαυτόν τε,

---

autre [chose] πρὸ τοῦ δικαίου préférablement à la justice, ἵνα afin que ἐλθὼν étant venu εἰς Ἅδου dans [la demeure] de Pluton, ἔχῃς tu aies ἀπολογήσασθαι [à] produire en ligne de compte πάντα ταῦτα toutes ces [actions] τοῖς ἄρχουσιν aux maîtres (à ceux qui gouvernent) ἐκεῖ là. γὰρ Car οὔτε φαίνεται ni il [ne] paraît ἐνθάδε ici εἶναι être ἄμεινον meilleur σοι à toi ταῦτα πράττοντι faisant cela (d'agir ainsi), οὐδὲ ni δικαιότερον [être] plus juste, οὐδὲ ni ὁσιώτερον [être] plus conforme à la religion, οὐδὲ pas même οὐδενὶ ἄλλῳ à aucun autre τῶν σῶν des tiens, οὔτε ni ἔσται il [ne] sera ἄμεινον meilleur (il ne vaudra mieux) ἀφικομένῳ [pour toi] étant arrivé ἐκεῖσε là [dans la demeure de Pluton]. Ἀλλὰ Mais νῦν maintenant μὲν d'un côté ἄπει tu t'en vas, ἐὰν ἀπίῃς si tu t'en vas, ἠδικημένος traité injustement, οὐχ non ὑφ' ἡμῶν par nous τῶν νόμων les lois, ἀλλὰ mais ὑπ' ἀνθρώπων par des hommes; δὲ d'un autre côté ἐὰν ἐξέλθῃς si tu t'en vas τε et ἀνταδικήσας ayant répondu par une injustice καὶ et ἀντικακουργήσας ayant répondu par de mauvais traitements οὕτως αἰσχρῶς si honteusement, παραβὰς ayant enfreint τε et τὰς ὁμολογίας les conventions σαυτοῦ de toi-même καὶ et τὰς ξυνθήκας les traités πρὸς ἡμᾶς [conclus] avec nous, καὶ et ἐργασάμενος ayant fait κακὰ des maux τούτους [à] ceux (ayant maltraité ceux) οὓς ἔδει qu'il fallait ἥκιστα [maltraiter] le moins τε et σαυτόν toi-même, καὶ et

καὶ φίλους, καὶ πατρίδα, καὶ ἡμᾶς · ἡμεῖς τέ σοι χαλεπανοῦμεν ζῶντι, καὶ ἐκεῖ οἱ ἡμέτεροι ἀδελφοί, οἱ ἐν Ἅδου νόμοι, οὐκ εὐμενῶς σε ὑποδέξονται, εἰδότες, ὅτι καὶ ἡμᾶς ἐπεχείρησας ἀπολέσαι, τὸ σὸν μέρος. Ἀλλὰ μή σε πείσῃ Κρίτων ποιεῖν, ἃ λέγει, μᾶλλον, ἢ ἡμεῖς.

XVII. Ταῦτα, ὦ φίλε ἑταῖρε Κρίτων, εὖ ἴσθι, ὅτι ἐγὼ δοκῶ ἀκούειν, ὥσπερ οἱ κορυβαντιῶντες τῶν αὐλῶν δοκοῦσιν ἀκούειν · καὶ ἐν ἐμοὶ αὕτη ἡ ἠχὴ τούτων τῶν λόγων βομβεῖ, καὶ ποιεῖ μὴ δύνασθαι τῶν ἄλλων ἀκούειν · ἀλλὰ ἴσθι, ὅσα γε

φίλους [les] amis, καὶ et πατρίδα [la] patrie, καὶ et ἡμᾶς nous [les lois], τέ et ἡμεῖς nous χαλεπανοῦμεν serons mal disposées σοι [contre] toi ζῶντι vivant, καὶ et ἐκεῖ là (dans la demeure de Pluton), οἱ ἡμέτεροι ἀδελφοί les nôtres frères (nos sœurs) οἱ νόμοι les lois ἐν Ἅδου dans [la demeure] de Pluton, οὐχ ὑποδέξονται n'accueilleront pas σε toi εὐμενῶς avec bienveillance, εἰδότες sachant ὅτι que ἐπεχείρησας tu as entrepris ἀπολέσαι [de] détruire καὶ aussi ἡμᾶς nous τὸ σὸν μέρος [suivant] la tienne part (autant qu'il dépendait de toi). Ἀλλὰ Mais Κρίτων [que] Criton μὴ πείσῃ ne persuade pas σε toi ποιεῖν [de] faire ἃ λέγει [ce] qu'il dit μᾶλλον plutôt ἢ que ἡμεῖς nous.

XVII. Ὦ φίλε ἑταῖρε O cher compagnon Κρίτων Criton (ô mon cher ami Criton), εὖ ἴσθι sache bien ὅτι que ἐγὼ moi δοκῶ je parais ἀκούειν entendre ταῦτα ces [paroles] (il me semble que j'entends ces paroles), ὥσπερ comme οἱ κορυβαντιῶντες les corybantes δοκοῦσιν semblent ἀκούειν entendre τῶν αὐλῶν les flûtes[1], καὶ et αὕτη ἡ ἠχὴ ce son τούτων τῶν λόγων de ces paroles βομβεῖ retentit ἐν ἐμοὶ en moi καὶ et ποιεῖ fait μὴ δύνασθαι [moi] ne pouvoir ἀκούειν entendre τῶν ἄλλων les autres (m'empêche d'en entendre d'autres). Ἀλλὰ Mais

---

1. Le son des flûtes des prêtres de Cybèle rendait furieux ceux qui l'entendaient.

τὰ νῦν ἐμοὶ δοκοῦντα, ἐάν τι λέγῃς παρὰ ταῦτα, μάτην ἐρεῖς. Ὅμως μέντοι, εἴ τι οἴει πλέον ποιήσειν, λέγε. — *Criton.* Ἀλλ', ὦ Σώκρατες, οὐκ ἔχω λέγειν. — *Socrate.* Ἔα τοίνυν, ὦ Κρίτων, καὶ πράττωμεν ταύτῃ, ἐπειδὴ ταύτῃ ὁ θεὸς ὑφηγεῖται.

Ἴσθι sache   τὰ les [choses]   δοκοῦντά γε paraissant du moins [telles]   νῦν maintenant   ἐμοὶ à moi   ὅσα toutes [choses] que   ἐρεῖς tu diras   μάτην en vain   ἐάν si λέγῃς tu dis   τι quelque [chose]   παρὰ ταῦτα outre ces [choses]. Ὅμως μέντοι Mais cependant   λέγε parle   εἰ si οἴει tu penses   ποιήσειν devoir faire   τι quelque [chose] πλέον [de] plus. — CRITON. Ἀλλὰ Mais,   ὦ Σώκρατες ὁ Socrate,   οὐκ ἔχω je ne puis   λέγειν dire [rien de plus]. — SOCRATE. Ἔα Laisse   τοίνυν donc,   ὦ Κρίτων ὁ Criton,   καὶ et   πράττωμεν agissons   ταύτῃ [de] cette [manière],   ἐπειδὴ puisque   ὁ θεὸς le dieu   ὑφηγεῖται [nous] conduit   ταύτῃ [à agir de] cette [manière].

LE CRITON.

SOCRATE, CRITON.

I. SOCRATE. Pourquoi venez-vous à cette heure, Criton? n'est-il pas encore bien matin? — CRITON. Très-grand matin. — SOCRATE. Quelle heure peut-il donc être? — CRITON. A peine le point du jour. — SOCRATE Je m'étonne que le geôlier ait voulu vous laisser entrer. — CRITON. C'est un homme avec qui je suis au mieux, Socrate; il m'a vu ici assez souvent, et il m'a quelque obligation. — SOCRATE. Ne faites-vous que d'arriver, ou y a-t-il longtemps que vous êtes venu? — CRITON. Depuis assez longtemps déjà. — SOCRATE. Pourquoi donc vous teniez-vous ainsi en repos auprès de moi, au lieu de m'éveiller dès que vous êtes entré? — CRITON. Aux dieux ne plaise, Socrate! car moi-même je voudrais bien ne plus être en proie à l'inquiétude et à l'insomnie; mais depuis que je suis entré, je vous admire de dormir d'un si paisible sommeil; et je n'ai pas voulu vous éveiller, exprès pour vous laisser jouir de ces heureux moments. En vérité, Socrate, depuis que je vous connais, j'ai toujours été charmé de votre patience et de votre douceur, mais beaucoup plus dans la conjoncture présente, quand vous regardez d'un œil si tranquille et si désintéressé l'état où vous êtes. — SOCRATE. Ce serait une chose fort peu convenable, Criton, à mon âge, de m'indigner lorsqu'il me faut mourir. — CRITON. Eh! combien de gens voit-on tous les jours, qui, dans de pareils malheurs, n'ont pas, malgré leur âge, la même résignation! — SOCRATE. Il est vrai. Mais enfin, pourquoi êtes-vous donc venu de si bonne heure? — CRITON. Afin de vous apprendre, Socrate, une nouvelle qui n'est pas très-pénible pour vous apparemment, mais qui est accablante pour moi, ainsi que pour tous vos amis; une nouvelle enfin que je supporterai bien difficilement. — SOCRATE. Quelle nouvelle? Est-il donc arrivé de Délos, ce vaisseau dont le retour doit être le signal de ma mort? — CRITON. Il ne l'est pas encore; mais il arrivera sans doute aujourd'hui, selon les nouvelles que nous en apportent des gens qui viennent de Sunium, où ils l'ont laissé. Or, à ce compte, il ne saurait manquer d'être ici aujourd'hui, et vous ne pourrez éviter de mourir demain.

II. SOCRATE. A la bonne heure, Criton; qu'il en soit ainsi, puisque telle est la volonté des dieux. Je ne crois pourtant pas que ce vaisseau arrive aujourd'hui. — CRITON. D'où tirez-vous cette conjecture? — SOCRATE. Je vais vous le dire. Je ne dois mourir que le lendemain du retour de ce vaisseau. — CRITON. C'est du moins ce que disent ceux sur qui repose le soin de faire exécuter la sentence. — SOCRATE. Ce vaisseau n'arrivera pas aujourd'hui, mais demain, comme je l'augure d'un certain songe que j'ai eu cette même nuit, il n'y a qu'un moment, et c'est probablement un bonheur que vous ne m'ayez pas éveillé. — CRITON. Quel est donc ce songe? — SOCRATE. Il m'a semblé voir approcher de moi une femme belle et charmante, vêtue de blanc, qui m'appelait en me disant : « Socrate, dans trois jours tu seras à la fertile Phthie! » — CRITON. Voilà un songe étrange, Socrate! — SOCRATE. Il est, à mon avis, fort significatif, Criton.

III. CRITON. Oui, sans doute; mais pour cette fois, cher Socrate, suivez mes conseils, sauvez-vous vous-même. Pour moi, si vous mourez, outre le malheur d'être privé pour toujours d'un ami, tel que je n'en rencontrerai jamais un semblable, j'en ai encore un autre à craindre : beaucoup de gens, qui ne nous connaissent pas bien ni vous ni moi, croiront que, pouvant vous sauver si j'avais voulu employer mon bien, je vous ai pourtant abandonné. Est-il rien de si honteux que la réputation d'être plus attaché à son argent qu'à ses amis? Car enfin le peuple ne pourra jamais se persuader que c'est vous qui n'avez pas voulu sortir d'ici lorsque nous vous en avons pressé. — SOCRATE. Mais, mon cher Criton, devons-nous nous mettre tant en peine de ce que croira le monde? n'est-ce pas assez que les plus raisonnables, les seuls dont nous devions nous soucier, sachent de quelle manière les choses se seront passées? — CRITON. Vous voyez pourtant qu'il est nécessaire, Socrate, de se mettre en peine de l'opinion du monde. Votre exemple nous fait assez voir qu'il est non-seulement capable de faire les plus petits maux, mais encore de se laisser aller aux plus grands excès contre ceux qu'on a une fois calomniés dans son esprit. — SOCRATE. Plût aux dieux, Criton, que le monde fût capable de commettre les plus grands maux! il serait capable aussi de produire les plus grands biens, et ce serait un grand bonheur; mais il ne peut ni l'un ni l'autre : car il ne dépend pas de lui de rendre les hommes sages ou fous. Il ne fait donc que ce qu'il peut faire.

IV. CRITON. J'en conviens; mais répondez-moi, je vous prie. N'est-ce point pour m'épargner et pour épargner vos autres amis, que vous ne voulez pas sortir d'ici? de peur que si vous en sortiez, les dénonciateurs ne nous fissent des affaires, en nous accusant de vous avoir enlevé de ce lieu, et que nous ne fussions obligés par là d'abandonner notre fortune, ou de payer de grosses sommes d'argent, ou même de souffrir quelque chose encore de plus funeste. Si c'est là votre crainte, Socrate, défaites-vous-en, au nom des dieux. N'est-il pas juste que, pour vous sauver, nous nous exposions à tous ces dangers, et à de plus grands même s'il est nécessaire? Encore une fois, mon cher Socrate, croyez-moi, prenez ce parti. — SOCRATE. Il est vrai, Criton, que je suis touché de ces considérations et de beaucoup d'autres encore. — CRITON. N'appréhendez rien de pareil, je vous en prie, car premièrement la somme qu'on demande pour vous sauver et vous tirer d'ici n'est pas fort considérable. D'ailleurs, vous voyez la misère de ceux qui pourraient nous dénoncer : il ne faudra pas beaucoup d'argent pour les faire taire, et mon bien seul suffira. Que si, par considération pour moi, vous faites quelque difficulté d'accepter mon offre, il y a ici bon nombre d'étrangers qui ne demandent pas mieux que de vous fournir tout l'argent dont vous aurez besoin : le seul Simmias, de Thèbes, a apporté pour cela même une somme plus que suffisante; Cébès est en état d'en faire autant, et plusieurs autres encore. Je prétends donc que ces craintes ne doivent pas vous faire perdre l'envie de vous sauver. Et pour ce que vous m'avez dit, l'autre jour dans la chambre des juges, que si vous sortiez d'ici vous n'auriez pas de quoi vivre, ne vous en inquiétez pas; dans tous les lieux du monde où vous pourrez porter vos pas, vous y serez toujours aimé. Si vous voulez vous rendre en Thessalie, j'y ai des amis qui vous honoreront comme vous le méritez, et qui, vous prêtant leur appui, vous mettront à couvert de tout ce que vous pourriez craindre dans leur pays.

V. De plus, Socrate, vous faites sans doute une action peu juste de vous livrer vous-même, lorsque vous pouvez vous sauver, et de travailler à faire réussir contre vous ce que vos ennemis souhaitent avec tant d'ardeur, ce à quoi ils ont si bien travaillé pour vous perdre. Or, vous ne vous trahissez pas seulement vous-même, vous trahissez encore, selon moi, vos enfants que vous abandonnez, lorsque vous avez les moyens de les nourrir et de les élever. Vous vous en allez loin d'eux, et quel que soit le sort qui les attende, cela ne vous touche point. Il leur arrivera pourtant tout ce qui ne peut manquer d'arriver à de pauvres enfants orphelins. Il vous fallait ou ne les point avoir, ou vous exposer à tous les soins et à toutes les peines que donne leur éducation. Vous me paraissez choisir le parti du plus négligent de tous les hommes : vous devriez pourtant prendre la résolution que prendrait un homme de bien, un homme de cœur, vous surtout qui vous vantez de n'avoir suivi toute votre vie que la vertu. Je vous le dis, Socrate, j'en ai honte pour vous et pour tous vos amis ; on croira que tout ceci n'est arrivé que par notre lâcheté. Premièrement, on vous accusera de vous être présenté au jugement lorsque vous pouviez l'éviter ; on vous objectera ensuite que vous vous êtes très-mal conduit dans votre défense, et enfin, comme le plus ridicule de l'affaire, on nous reprochera à nous de vous avoir abandonné par crainte et par lâcheté, puisque nous ne vous avons pas sauvé, et que vous ne vous êtes pas sauvé vous-même, lorsque vous le pouviez, pour peu que nous vous eussions prêté secours. Pensez-y donc, mon cher Socrate : outre le mal qui vous arrivera, si vous ne le prévenez, vous participerez à la honte dont nous serons tous couverts. Délibérez donc promptement. Mais ce n'est déjà plus le temps de délibérer, c'est celui d'agir ; il n'y a pas à choisir, il faut que tout soit exécuté la nuit prochaine : nos mesures seraient déjouées si nous attendions plus longtemps. Croyez-moi, je vous en conjure, faites ce que je vous dis.

VI. SOCRATE. Mon cher Criton, votre bonne volonté est fort louable, si elle est d'accord avec la droite raison; mais au contraire, si elle s'en éloigne, plus elle est grande, plus elle est blâmable. La première chose qu'il faut considérer, c'est si nous devons ou non faire ce que vous dites. Car, vous le savez, ce n'est pas d'aujourd'hui que j'ai coutume de ne me rendre qu'aux raisons qui me paraissent les plus justes, après les avoir bien examinées, et quoique la fortune se déclare contre moi, je ne saurais abandonner les maximes dont j'ai toujours fait profession. Ces maximes me paraissent toujours les mêmes, je les respecte et les estime aussi toujours également. Si nous n'avons donc en cette rencontre des raisons plus fortes, soyez bien persuadé que je ne me rendrai point, non pas même quand toute la puissance du peuple s'armerait contre moi, et que, pour m'épouvanter comme un enfant, elle m'accablerait de nouvelles chaînes, me menacerait de me priver des plus grands biens, et me ferait souffrir les morts les plus cruelles. — CRITON. Mais de quelle manière pouvons-nous faire cet examen avec calme et équité? — SOCRATE. C'est sans doute en reprenant ce que vous disiez tantôt des opinions, savoir si l'on a raison d'avancer qu'il y a certains bruits dont nous devons nous mettre en peine, et d'autres que nous devons mépriser; ou si l'on a eu raison de parler ainsi seulement avant que je dusse mourir, s'il paraît maintenant que cela a été soutenu comme un sujet de conversation en l'air, et que ce n'est au fond qu'un badinage, un jeu d'enfant. Je souhaite donc d'examiner ici avec vous si, présentement que je suis en cet état, ce principe me semblera tout autre, ou si je le trouverai toujours le même, afin que cela nous détermine à l'abandonner ou à le suivre. Il a été soutenu ici plusieurs fois, si je ne me trompe, par des personnes qui pensaient vraiment dire quelque chose de bon, que, parmi les opinions des hommes, les unes doivent être estimées et les autres ne pas l'être. Criton, au nom des dieux, cela ne vous semble-t-il pas bien dit? Comme, selon toutes les apparences humaines, vous n'êtes pas en danger de mourir demain, il est à présumer que la crainte qu'inspire un péril imminent ne vous fera point prendre le change. Pensez-y donc. Ne trouvez-vous pas ce qu'on a dit fort juste, qu'il ne faut pas estimer toutes les opinions des hommes, mais quelques-unes seulement, et non pas même chez tous les hommes, mais seulement chez quelques-uns ? Qu'en dites-vous ? cela ne vous semble-t-il pas vrai ? — CRITON. Très-vrai. — SOCRATE. A ce compte, n'est-ce pas pour les bonnes opinions que l'on doit avoir de l'estime, et du mépris pour les mauvaises ? — CRITON. Sans doute. — SOCRATE. Les bonnes, ne sont-ce pas celles qu'ont les sages, et les mauvaises, celles qu'ont les fous ? — CRITON. Il ne peut en être autrement.

VII. SOCRATE. Voyons, que répondrez-vous encore à ceci ? un homme qui fait ses exercices, lorsqu'il prend une leçon de gymnastique, sera-t-il touché de la louange et du blâme du premier venu, ou bien de celui-là seulement qui sera médecin ou maître ? — CRITON. De celui-là seulement. — SOCRATE. Il faut donc craindre le blâme et aimer les louanges de ce seul homme, et mépriser ce qui vient des autres. — CRITON. Sans difficulté. — SOCRATE. Il faut aussi que cet homme ne mange, ne boive et ne fasse rien que par l'ordre de ce maître, de cet homme entendu, et qu'il ne se gouverne point du tout selon le caprice des autres. — CRITON. Cela est vrai. — SOCRATE. Voilà donc qui est établi. Mais si, désobéissant à ce maître et dédaignant son estime et ses louanges, il se laisse prendre, au contraire, aux caresses et aux louanges du peuple et des ignorants, ne lui en arrivera-t-il point de mal ? — CRITON. Comment n'en serait-il pas ainsi ? — SOCRATE. Ce mal qu'il en recevra, de quelle nature sera-t-il, à quoi aboutira-t-il, et quelle est la partie de cet insensé qui en sera atteinte ? — CRITON. Son corps, sans doute, qui sera ruiné par là. — SOCRATE. Cela est fort bien ; mais n'en est-il pas de même pour toutes sortes de choses, sans qu'il soit besoin de tout passer en revue ? Car sur le juste et l'injuste, sur l'honnête et le déshonnête, sur le bon et le mauvais, qui font présentement la matière de notre discussion, nous en rapporterons-nous plutôt à l'opinion du peuple, pour la suivre et la redouter, qu'à celle d'un seul homme, s'il s'en rencontre un très-expert, pour lequel seul nous devions avoir plus de respect et plus de déférence que pour tout le reste du monde ensemble ? Si nous ne nous conformons pas aux sentiments de ce seul homme, n'est-il pas vrai que nous ruinons et perdons entièrement ce qui ne vit et n'acquiert de nouvelles forces que par la justice, et qui ne périt que par l'injustice seule? Ou faut-il croire que tout cela n'est fondé sur rien? — CRITON. Je suis de votre avis, Socrate.

VIII. SOCRATE. Prenez garde, je vous prie; si, en suivant l'opinion des ignorants, nous détruisons ce qui ne se conserve que par la santé, et se corrompt par la maladie; peut-on vivre après que cela est corrompu? est-ce notre corps ou ne l'est-ce pas? — CRITON. Ce l'est sans doute. — SOCRATE. Peut-on donc vivre après que le corps est détruit et corrompu? — CRITON. Non assurément. — SOCRATE. Mais peut-on vivre après la corruption de ce qui n'a de salut que par la justice et que l'injustice seule détruit? ou croyons-nous bien moins précieuse que le corps cette chose, quelle qu'elle soit, que la justice et l'injustice ont pour objet? — CRITON. Point du tout. — SOCRATE. La croyons-nous donc plus importante? — CRITON. Beaucoup plus. — SOCRATE. Nous ne devons donc pas, mon cher Criton, nous mettre en peine de ce que dira le monde, mais de ce que dira celui-là seul qui connaît le juste et l'injuste, et celui-là n'est autre que la vérité elle-même. Vous le voyez par là : vous avez établi de faux principes, lorsque vous avez dit au commencement que nous devions faire cas de l'opinion du monde sur le juste, sur le bon, sur l'honnête et sur leurs contraires. Quelqu'un m'objectera peut-être que la masse du peuple a le pouvoir de nous faire mourir. — CRITON. C'est ce que l'on vous dira assurément. — SOCRATE. Cela est vrai aussi. Mais, mon cher Criton, cela ne change pas la nature de ce que nous venons de dire, et notre raisonnement demeure toujours le même. Car, prenez-y bien garde, ne subsiste-t-il pas toujours, dans votre esprit, qu'il ne faut pas tant chercher à vivre qu'à bien vivre? — CRITON. C'est ce qui y subsiste sans doute. — SOCRATE. N'y subsiste-t-il pas aussi que ce bien n'est autre chose que l'honnête et le juste? — CRITON. Oui.

IX. SOCRATE. Après toutes les choses que vous venez de m'accorder, il faut examiner d'abord, s'il y a de la justice ou de l'injustice à sortir d'ici, sans la permission des Athéniens. Car si c'est juste, il faut faire tous ses efforts pour y réussir; mais si c'est injuste, il faut en abandonner le dessein. Quant à toutes ces considérations que vous m'avez alléguées, d'argent, de réputation, de famille, ne sont-ce pas des considérations dignes de cette multitude qui fait mourir sans raison, et qui voudrait plus tard faire revivre de même, s'il lui était possible? Mais pour nous qui pensons d'une autre manière, tout ce que nous avons à considérer, c'est ce que nous venons de dire, à savoir : si nous ferons une chose juste de payer en argent et en reconnaissance ceux qui nous tireront d'ici, ou si eux et nous nous ne commettrons point en réalité d'injustice. Car si c'est en commettre une, il ne faut point tant raisonner pour s'empêcher de le faire; s'il faut mourir en demeurant ici et se tenant tranquille, ou souffrir même quelque chose de plus terrible, plutôt que de commettre une injustice. — CRITON. Vous avez raison, Socrate : voyons donc comment nous ferons. — SOCRATE. Voyons-le ensemble, mon cher Criton, et si vous avez quelque bonne chose à répondre lorsque je parlerai, dites-la, afin que je m'y rende. Sinon, cessez enfin, je vous prie, mon ami, de me reproduire ce raisonnement; ne me pressez plus de sortir d'ici, malgré les Athéniens; je serais assurément ravi que vous pussiez me persuader de le faire, mais je ne puis m'y résoudre sans être persuadé. Voyez donc si vous serez satisfait de la manière dont je vais commencer cet examen, et tâchez de répondre à mes questions le mieux possible. — CRITON. Je le ferai.

X. SOCRATE. Est-il vrai qu'il ne faut faire volontairement d'injustice à personne, ou est-il permis d'en faire d'une certaine façon, lorsqu'il est défendu d'en faire d'une autre; ou est-il absolument vrai que toute injustice n'est ni bonne ni honnête, comme nous en sommes déjà souvent convenus, et comme nous le disions encore tout à l'heure; ou bien enfin tous ces sentiments, dans lesquels nous étions, se sont-ils évanouis pendant ce peu de jours, et serait-il possible, Criton, qu'à notre âge, nos entretiens les plus sérieux, à nous vieillards, eussent été semblables, sans nous en apercevoir, à ceux des enfants; ou plutôt faut-il nous en tenir uniquement à ce que nous avons dit, et demeurera-t-il constant que toute injustice est toujours honteuse et funeste à celui qui la commet, quelque chose que les hommes en disent et quelque bien ou quelque mal qui puisse en résulter? cela est-il constant, ou non? — CRITON. Cela est constant. — SOCRATE. Il ne faut donc faire d'injustice en aucune manière? — CRITON. Non, sans doute. — SOCRATE. Il ne faut pas même en rendre à ceux qui nous en font, bien que la multitude croie cela permis, puisque vous avouez qu'il n'en faut faire en aucune manière. — CRITON. Il me le semble. — SOCRATE. Mais quoi! doit-on faire du mal ou ne le doit-on point? — CRITON. Sans doute, Socrate, on ne le doit pas. — SOCRATE. Mais est-il juste, comme le croit le monde, de rendre le mal qu'on a reçu? trouvez-vous que cela soit juste ou non? — CRITON. Fort injuste. — SOCRATE. Il est donc vrai qu'il n'y a point de différence entre faire le mal et être injuste? — CRITON. Je l'avoue. — SOCRATE. Il ne faut donc jamais rendre injustice pour injustice, ni causer le moindre mal, quelque chose qu'on nous ait fait. Mais prenez bien garde, Criton, qu'en m'avouant cela, vous ne parliez contre votre propre sentiment : car, je le sais fort bien, peu de personnes sont de cet avis, ou pourront en être. Il est impossible que ceux qui ne sont pas là-dessus d'un même avis s'accordent jamais bien ensemble. Il arrive au contraire inévitablement qu'en méprisant les opinions les uns des autres, ils se méprisent tous également. Examinez donc bien si vous êtes tout à fait du même avis que moi, et commençons à raisonner sur ce principe que nous ne devons jamais rendre injustice pour injustice, ni repousser le mal par le mal; autrement nous nous séparons et nous ne sommes plus d'accord. Pour moi, je n'ai jamais eu et n'aurai jamais d'autre opinion. Dites-moi donc si vous avez changé: alors parlez et expliquez-vous; si vous persistez dans nos premières idées, écoutez bien ce qui en est la conséquence. — CRITON. J'y persiste et je suis de votre avis; parlez. — SOCRATE. Je continue donc, ou plutôt je vous demande si un homme qui a promis quelque chose de juste doit tenir sa parole ou y manquer? — CRITON. Il la doit tenir.

XI. SOCRATE. Voyez par là si, en sortant d'ici sans le consentement des Athéniens, nous ne ferons point de mal à quelques personnes, et à ceux-là même qui ne le méritent pas, ou suivrons-nous en cela ce qui nous paraît à tous également juste? — CRITON. Je ne saurais répondre à ce que vous me demandez, car je ne comprends point. — SOCRATE. Prenez bien garde : lorsque nous serons sur le point d'accomplir notre fuite, ou comme il vous plaira d'appeler notre sortie, si les lois et la république venaient se présenter en corps devant nous, et me disaient : « Socrate, qu'allez-vous faire? Exécuter l'entreprise que vous tramez, qu'est-ce autre chose que ruiner entièrement, autant qu'il dépend de vous, les lois et la république? Croyez-vous qu'un État subsiste après que la justice non-seulement n'y a plus de force, mais après qu'elle a même été corrompue, renversée et foulée aux pieds par des particuliers? » Que pourrions-nous répondre, Criton, à de pareilles demandes et à beaucoup d'autres encore? Que ne dirait pas un orateur sur le renversement de cette loi qui ordonne que les jugements rendus soient inviolables et toujours exécutés? Leur répondrons-nous que la république nous a fait injustice et qu'elle n'a pas bien jugé? Est-ce là ce que nous alléguerons? — CRITON. Sans difficulté, Socrate.

XII. SOCRATE. « Quoi donc? diront les lois; n'est-il pas vrai, Socrate, que nous sommes convenus, vous et nous, de nous soumettre au jugement de la république? » Si nous paraissions surpris de ce langage, elles ajouteraient peut-être : « Ne soyez point surpris, Socrate, mais répondez-nous, puisque vous-même avez coutume de vous servir de demandes et de réponses. Dites donc quel sujet de plainte vous avez contre la république et contre nous, que vous fassiez ainsi tous vos efforts pour nous détruire? Ne vous avons-nous pas fait naître? n'est-ce pas par notre entremise que votre père épousa votre mère et vous donna le jour? Que trouvez-vous donc à reprendre dans les lois qui concernent le mariage? » Rien sans doute, leur répondrais-je. « Mais pour ce qui regarde la nourriture et l'éducation des enfants et la manière dont vous avez été élevé, les lois ne vous paraissent-elles pas justes, d'avoir ordonné à votre père de vous élever dans la connaissance de la musique et dans les exercices du corps? » Fort justes, dirais-je. « Cela étant, puisque vous êtes né, que vous avez été nourri et élevé par nous, oseriez-vous soutenir que vous n'êtes pas notre nourrisson et notre esclave de même que votre père et vos ancêtres? et si vous l'êtes, pensez-vous avoir même droit que nous, de sorte qu'il vous soit permis de faire retomber sur nous tout ce que nous entreprendrions contre vous? ou, lorsque vous ne pourriez avoir le droit, contre un père ou contre un maître, de lui rendre mal pour mal, injure pour injure, penseriez-vous l'avoir cependant contre votre patrie et contre les lois, de sorte que si nous tâchions de vous perdre, vous tâcheriez de votre côté de nous prévenir et de perdre autant que possible les lois et votre patrie? Appelleriez-vous cette action une action juste, vous qui vous dites véritablement attaché à la vertu? Pourriez-vous ignorer, vous, homme sage, que la patrie est plus respectable, plus sainte, plus auguste devant les dieux et devant les hommes de bon sens, que père et mère et que tous les parents ensemble? qu'il faut honorer sa patrie, lui céder et la ménager plus qu'un père lorsqu'elle est en colère? qu'il faut ou la ramener par vos conseils, ou obéir à ses commandements, et souffrir sans murmures tout ce qu'elle vous ordonnera? Si elle veut que vous soyez battu, ou chargé de chaînes; si elle exige que vous alliez à la guerre pour y verser votre sang, ou même y périr, on doit obéir sans balancer, cela est juste; il ne faut pas céder à la peur, il ne faut ni reculer ni quitter son poste. Mais, à l'armée et dans l'assemblée des juges, et partout, il faut obéir aux ordres de votre patrie, ou lui conseiller ce qui est raisonnable. Car si c'est une impiété de faire violence à son père ou à sa mère, c'en est une beaucoup plus grande de traiter ainsi sa patrie. » Que répondrons-nous à cela, Criton? reconnaîtrons-nous la vérité de ce que disent les lois? — CRITON. Le moyen de s'en empêcher?

XIII. SOCRATE. « Voyez donc, Socrate, continueraient-elles peut-être, si nous avons raison de trouver injuste ce que vous entreprenez contre nous? Nous vous avons fait naître, nous vous avons nourri, nous vous avons élevé; enfin, nous vous avons fait comme aux autres citoyens tout le bien dont nous avons été capables. Cependant nous ne laissons pas de déclarer qu'il est permis à chaque particulier, après qu'il aura bien examiné les lois et les coutumes de la république, et qu'il en aura fait l'essai, s'il n'y trouve pas son compte, de se retirer où il lui plaira avec tout son bien. Et s'il y a quelqu'un de vous qui, ne pouvant s'accoutumer à nos manières, veuille aller habiter ailleurs, pas une de nous ne lui fait obstacle et ne lui défend de s'en aller avec sa fortune où bon lui semblera. Mais d'un autre côté, si quelqu'un demeure, après avoir bien considéré de quelle manière nous exerçons la justice, et comment pour le reste nous administrons la république, dès lors nous disons qu'il s'est engagé à faire tout ce que nous lui commanderons, et s'il désobéit, nous soutenons qu'il est injuste de trois manières : en ce qu'il n'obéit point à celles qui l'ont fait naître, en ce qu'il foule aux pieds celles qui l'ont élevé, enfin en ce qu'après s'être engagé à nous obéir, il s'y refuse, et ne se donne pas même la peine de nous adresser quelque remontrance, s'il nous arrive de commettre une injustice. Et quoique nous nous contentions de proposer les choses, sans user d'aucune violence pour nous faire obéir, et que nous lui donnions même le choix, ou d'obéir ou de nous ramener par ses conseils, il ne fait ni l'un ni l'autre.

XIV. « Vous-même, Socrate, nous soutenons que vous serez coupable de tous ces crimes si vous exécutez ce que vous méditez, et beaucoup plus coupable même que tout autre Athénien qui commettrait la même injustice. » Si je leur en demandais la raison, elles me fermeraient sans doute la bouche, en me disant que je me suis soumis plus qu'aucun autre à toutes ces conditions. « Et nous avons, me diraient-elles, Socrate, de grandes marques que nous et la république nous vous avons toujours plu ; car vous ne vous seriez pas tenu dans cette ville plus que tous les autres Athéniens, si cette ville ne vous avait été plus agréable que toutes les autres. Il n'y a jamais eu de fête solennelle qui vous ait pu faire sortir de la ville. Une fois seulement, vous vous êtes rendu à l'Isthme pour y voir les jeux ; vous n'avez jamais été ailleurs que pour des expéditions militaires, et jamais vous n'avez entrepris aucun voyage, comme c'est la coutume de tous les hommes. Vous n'avez jamais eu la curiosité de visiter d'autres villes, ni de connaître d'autres lois : vous vous êtes toujours contenté de nous et de notre république ; vous avez toujours fait un choix particulier de nous et toujours témoigné que vous vous soumettiez de tout votre cœur à vivre selon nos maximes. De plus vous avez eu des enfants dans cette ville, preuve certaine qu'elle vous a plu. Enfin, dans ce procès même, vous pouviez être condamné à l'exil si vous l'aviez voulu, et faire alors, du consentement de la république, ce que vous tâchez de faire aujourd'hui sans sa permission ; mais vous avez montré de l'orgueil, comme n'étant point indigné quand même il vous faudrait mourir, et vous avez préféré, du moins vous l'avez dit, la mort même à l'exil. Maintenant vous n'avez aucun respect pour ces belles paroles, vous ne vous souciez plus des lois, puisque vous les voulez renverser : vous agissez comme agirait le plus vil esclave, en tâchant de vous enfuir, contrairement aux conditions du traité que vous avez conclu avec nous, par lequel vous vous êtes engagé à vivre selon nos règles. Car, répondez-nous d'abord, disons-nous la vérité lorsque nous soutenons que vous avez consenti à ce traité, et que vous vous êtes soumis, non de parole, mais en effet, à toutes ces conditions ? » Que dirions-nous à cela, Criton ? et pourrions-nous ne pas y acquiescer ? — CRITON. Le moyen de s'en empêcher, Socrate ? — SOCRATE. « Faites-vous donc autre chose, continueraient-elles, que violer ce traité et toutes ces conditions, ce traité que l'on ne vous a fait contracter ni par force, ni par surprise, ni sans vous donner le temps d'y penser, mais dans le cours de soixante-dix années, pendant lesquelles il vous était permis de vous retirer si vous n'étiez pas satisfait de nous, et si les conditions que nous vous proposions ne vous paraissaient pas justes. Or, vous n'avez choisi ni Lacédémone ni la Crète, quoique tous les jours vous vantiez fort leurs lois, ni pas une de toutes les autres villes de la Grèce et des pays étrangers. Vous êtes même beaucoup moins sorti d'Athènes que les boiteux, les aveugles et tous les estropiés : ce qui est une preuve irrécusable qu'elle vous a plu d'une manière toute particulière, et nous aussi par conséquent, car une ville pourrait-elle plaire sans lois ? Aujourd'hui vous ne voulez plus tenir le traité. Mais si vous m'en croyez, Socrate, vous le tiendrez, et vous ne vous exposerez pas à la risée de vos concitoyens, en sortant d'ici de cette manière.

XV. « Car voyez un peu, je vous prie, quel bien il vous en reviendra, à vous et à vos amis, si vous persistez dans ce beau dessein. Vos amis seront infailliblement exposés au danger d'être privés de leur patrie par l'exil, ou de perdre leurs biens, et vous, si vous vous retirez dans quelque ville voisine, à Thèbes ou à Mégare, comme elles sont fort bien policées, vous y paraîtrez un ennemi de l'ordre public. Tous ceux qui auront de l'amour pour leur république vous regarderont comme le corrupteur des lois. D'ailleurs vous confirmerez chacun dans l'opinion qu'on a de l'équité de vos juges, et vous ferez approuver généralement le jugement qu'ils ont rendu contre vous; car tout corrupteur des lois passera toujours facilement pour le corrupteur de la jeunesse et de la multitude. Éviterez-vous donc de paraître dans ces villes bien policées et dans ces assemblées d'hommes justes? mais en cet état vous siéra-t-il bien de vivre? Ou aurez-vous le front de les approcher et de vous entretenir avec eux? mais que leur diriez-vous, Socrate? leur soutiendriez-vous, comme vous faites ici, que la vertu, la justice, les lois et les institutions doivent être en vénération aux hommes? Ne trouvez-vous pas que cette conduite de Socrate leur paraîtrait ridicule? Vous devez le penser. Mais vous sortirez promptement de ces villes bien ordonnées et vous irez en Thessalie chez les amis de Criton; il y a là plus de licence et d'impunité, et l'on y prendra sans doute un singulier plaisir à vous entendre raconter dans quel équipage vous serez sorti de cette prison, vêtu de quelques haillons ou couvert d'une peau, ou enfin déguisé de quelque autre manière, comme ont coutume de le faire les fugitifs. Tout le monde dira de vous : C'est un vieillard qui, n'ayant plus guère de temps à vivre, a eu pourtant une si forte passion pour la vie, qu'il n'a pas fait difficulté de fouler aux pieds les lois les plus saintes pour se la conserver. Voilà ce qu'on dira, lors même que vous ne fâcheriez personne; mais, au moindre sujet de plainte que vous donnerez, vous entendrez mille autres choses honteuses et indignes de vous; vous passerez votre vie en vous insinuant par mille bassesses auprès de tous les hommes l'un après l'autre, et en vous soumettant à tous servilement. Car, que pourrez-vous faire? serez-vous dans la Thessalie en de perpétuels festins, comme si la bonne chère vous avait attiré en Thessalie? où seraient donc allés tous ces beaux discours sur la justice et sur la vertu? Vous voulez aussi peut-être vous conserver pour vos enfants, pour les nourrir et les élever? Quoi! sera-ce en Thessalie que vous les élèverez, et n'avez-vous d'autre bien à leur faire que de les rendre étrangers? ou ne voulez-vous point les emmener, et croyez-vous, pendant que vous serez en vie, qu'ils seront mieux élevés ici, quoique vous ne soyez pas auprès d'eux, parce que vos amis en auront soin? mais ce soin que vos amis en prendraient pendant votre absence, pourquoi ne le prendraient-ils pas après votre mort? Vous devez être persuadé que tous ceux qui se disent vos amis leur rendront toujours tous les services dont ils seront capables.

XVI. « Enfin, Socrate, rendez-vous à nos raisons. Suivez les conseils de celles qui vous ont nourri, ne faites point plus de cas de vos enfants, de votre vie, et de quelque chose que ce puisse être, que de la justice, afin qu'arrivé au pied du tribunal de Pluton, vous ayez de quoi vous défendre devant vos juges. Car, ne vous y trompez pas, si vous exécutez ce que vous avez résolu, vous ne rendrez votre cause, ni celle d'aucun des vôtres, ni meilleure, ni plus juste, ni plus sainte, ni ici pendant votre vie, ni là-bas après votre mort. Si vous mourez, vous mourrez du moins par l'injustice, non des lois, mais des hommes; tandis que, si vous sortez d'ici en repoussant si honteusement l'injustice de vos ennemis, en violant ainsi votre foi et notre traité, et en faisant du mal à tant d'innocents, à vous, à nous, à vos amis, à votre patrie, nous serons toujours vos ennemies tant que vous vivrez, et, quand vous serez mort, nos sœurs, les lois qui sont dans les enfers, ne vous recevront pas sans doute avec beaucoup de bienveillance, sachant que vous avez fait tous vos efforts pour nous perdre. Ne suivez donc pas les conseils de Criton plutôt que les nôtres. »

XVII. Il me semble, mon cher Criton, que j'entends tout ce que je viens de dire, comme les corybantes croient entendre le son des flûtes; et le bruit de toutes ces paroles résonne si fort à mes oreilles, qu'il m'empêche d'entendre toute autre chose. Voilà les sentiments où je suis, et, sachez-le bien, tout ce que vous me diriez pour m'en détourner serait inutile. Si vous croyez pourtant y pouvoir réussir, je ne vous empêche pas de parler. — CRITON. Je n'ai rien à dire, Socrate. — SOCRATE. Demeurez donc en repos, et passons courageusement par là, puisque c'est par là que Dieu nous conduit et qu'il nous appelle.

FIN.

www.ingramcontent.com/pod-product-compliance
Lightning Source LLC
LaVergne TN
LVHW020959090426
835512LV00009B/1958